带着文化游名城——

老南京记忆

刘啸 编著

当代世界出版社
THE CONTEMPORARY WORLD PRESS

图书在版编目（CIP）数据

老南京记忆/刘啸著．－－北京：当代世界出版社，2016.11
（带着文化游名城）
ISBN 978-7-5090-1173-7

Ⅰ．①老… Ⅱ．①刘… Ⅲ．①文化史—南京—通俗读物 Ⅳ．① K295.31-49

中国版本图书馆 CIP 数据核字（2016）第 289837 号

老南京记忆

作　　者：	刘啸
出版发行：	当代世界出版社
地　　址：	北京市复兴路4号（100860）
网　　址：	http://www.worldpress.org.cn
编务电话：	（010）83908456
发行电话：	（010）83908410（传真）
	（010）83908408
	（010）83908409
	（010）83908423（邮购）
经　　销：	新华书店
印　　刷：	北京时捷印刷有限公司
开　　本：	710mm×1000mm　1/16
印　　张：	16.5
字　　数：	230千字
版　　次：	2017年3月第1版
印　　次：	2017年3月第1次
书　　号：	ISBN 978-7-5090-1173-7
定　　价：	39.80元

如发现印装质量问题，请与承印厂联系调换。
版权所有，翻印必究；未经许可，不得转载！

前 言

南京是一座历史悠久的文化名城，它有着6000多年的文明史、2600年的建城史和将近1800年的建都史，和北京、西安、洛阳并称为中国四大古都，也是一座著名的风景旅游城市。因为其得天独厚的地理位置，历史上很多朝代都把南京作为都城，由此它还有"六朝古都""十朝都会"等称号。

千百年来，奔腾不息的长江不仅孕育了长江沿岸的文明，也催生了南京这座江南城市。南京襟江带河，依山傍水，钟山龙蟠，石头虎踞，山川秀美，古迹众多。早在20世纪30年代，著名文学家朱自清先生游历南京后，写下《南京》一文，其中这样评价："逛南京像逛古董铺子，到处都有些时代侵蚀的痕迹。你可以揣摩，你可以凭吊，可以悠然遐想……"

南京是中华文明的重要发祥地，早在100多万年前就已经有古人类在此出现，35万年前便有猿人在此生活，7000年前已经形成了新石器时代的原始村落。春秋战国时期，越国灭吴之后，范蠡在这里建造了南京历史上最早的城池。三国时期，东吴孙权把南京作为都城，之后东晋以及南朝的宋、齐、梁、陈相继在此建都，所以南京才有了"六朝古都"的称号。六朝时的南京城被称为"世界古典文明两大中心"之一，与罗马城并列，在中国历史上有着很大的影响力。

隋唐时期，由于朝廷的刻意压制和冷落，六朝时期南京城的金迷纸醉渐渐消逝，但即便如此，南京城并没有因此而"颓废"。它的经济文化仍在稳步发展，农耕发达、商业兴旺，李白、杜牧、李商隐等大诗人都在这里留下许多传世之作。

五代十国时期的南京就像一个幸运的孩子。当时的中国烽烟四起，但这

里并没发生大的战乱。到了宋元时期，南京已经成为中国东南地区的经济重镇，这期间也有很多名人出现，如王安石就在这里定居终老。

明朝时期，南京城继六朝之后再次受到世人的瞩目。作为大明王朝三代皇帝的都城，它是全国的政治文化中心。当时，南京城的城墙被称为世界第一大城垣，连城周为29.5公里的巴黎城墙都不是南京城墙的"对手"；南京明故宫是北京故宫的"前生"；现在南京的一些过年习俗也是与朱元璋有关的，等等这些，您都可以从本书中找到答案。

清朝时期，南京虽然脱去了都城的华丽外衣，但却不乏吸引帝王的到来。其中，康熙和乾隆皇帝曾经六下江南来到南京寻访，可见南京的"魅力"之大。到了近现代时期，太平军在此建都十一年。之后，南京先后成为了中华民国、中华民国临时政府、国民政府的所在地。到1949年南京解放，又成为中华人民共和国直辖市之一。

正是因为这样的历史，南京才会拥有深厚的文化气息。那么，您想要更加深入地了解南京吗？您想在旅游过程中体会到老南京的历史文化吗？《带着文化游名城——老南京记忆》就是一本让您可以深层次了解南京的书籍。这本书一共分为八章，分别是"历史上的老南京与城门楼""南京的街桥地名""南京的人文景观""南京的民俗特色""南京的美食特产""南京的山水园林""南京的古寺陵墓""南京城里的趣闻和名人故居"。

各个章节下还分有一个个小节，其间穿插了很多有趣的故事、传说，如"聚宝门下真的埋着沈万三的'聚宝盆'吗？""麒麟门的得名与麒麟有关系吗？""胭脂井的命名与陈后主有关吗？""泥马巷是被宋高宗命名的吗？""鼓楼公园里的戒碑与康熙有关吗？"等，让您在看故事的过程中轻松了解南京城。

《带着文化游名城——老南京记忆》是您旅游前必不可少的全方位攻略，也是您旅途中增加养分的精神食粮，更是您旅游之后的美好回忆。

如果您现在想要给自己的心灵放一次假的话，那么请您准备行装，带上此书，踏上一段精彩的旅途吧！

目 录

✧ 开 篇 ✧

南京概况   2
    南京历史概况   2
    南京独有的特色   3
    南京气候特点   6
    南京方言   6

✧ 历史上的老南京与城门楼 ✧

老南京的历史   10
    历史上南京都有过哪些旧称   10
    历史上曾被称作南京的地方有哪些   11
    您知道南京历史上发生过几次"大屠杀"吗   13
    朱元璋为何不愿意将都城定在南京   14
    朱元璋在修建南京城时所用的砖有何特点   15
    南京城的城墙到底有多长   16
    南京也有一座故宫吗   17

南京故宫是怎样衰毁的	17
为何说明故宫是北京故宫的前身	19
建国后南京行政划分发生了什么变化	19
南京人为什么选梅花为市花	21

老南京的城门楼　22

"里十三，外十八"是什么意思	22
南京城的午门也有"推出午门斩首"的说法吗	23
您了解历史上有名的光华门争夺战吗	24
为何说通济门见证了明王朝的兴衰	25
聚宝门下真的埋着沈万三的"聚宝盆"吗	26
朱棣为何会假扮市民从石城门逃跑	27
郑成功曾大败于仪凤门吗	28
朱棣是由金川门攻入南京城发动的"靖难之变"吗	29
金川门曾被"驸马"守护64年吗	30
神策门是一道古代的"防盗门"	30
挹江门的门拱为何会改为三拱	31
安德门为何会有"大""小"之分	32
麒麟门的得名与麒麟有关系吗	33
姚坊门与老南京人说的尧化门是同一座门吗	33
中山门与孙中山有何关系	34
您知道南京现存哪几座明代城门吗	35
明城墙具有历史价值，为何多处惨遭拆除呢？	36

南京的街桥地名

有趣的街桥　38

您听说过"篦街"这条街吗	38
"柿子树街"与柿子有关吗	39
"蓝旗街"和"红旗街"是一条街吗	39
为何会有"三步两桥"这样一个奇怪的名字	40
逸仙桥是为了孙中山而修建的吗	41

三元巷与抗倭名将尹凤有何关系	41
老南京人为何用"小心"给一座桥命名呢	42
"三七八巷"这么一个有趣的名字是因何而来的	43
胭脂井的命名与陈后主有关吗	43
郑和下西洋时为何要到天妃宫来拜祭	45
朱元璋当年也在锦绣坊住过吗	46
箍桶巷是因为沈万三家的技师而得名的吗	46
乌衣巷中曾经住过哪些名人	47
乌衣巷的得名与孙权有关吗	49
骂驾桥中的"骂驾"说的是朱元璋吗	49
南京长江大桥为什么会被周总理称为"新中国两大奇迹"之一	50
河定桥为何又叫"和事桥"	51
为什么说老门东留住了南京老城南的味道	52

传奇地名　　　　　　　　　　　　　　　55

邓府巷的得名与邓愈有关吗	55
驴子巷的命名真的跟驴有关吗	56
饮马巷的命名与宋高宗有关吗	57
老南京的"状元境"前为何没有姓氏	58
曾经有两位皇帝来钓鱼巷钓鱼吗	59
在钓鱼巷流传过哪些"钓鱼"趣谈	59
柳叶街的命名和两条"鱼精"有关吗	60
王府巷曾经叫做"皇甫晖"吗	60
信府河是因为信国公汤和曾居住在此而得名的吗	61
汉府街曾经有一座汉王府吗	62
常府街是因为常遇春府而得名的吗	63
百猫坊是因为有一百只猫而得名的吗	64
"周处除三害"出自老虎头吗	65
老虎头为什么会有一座"石观音寺"	66
泥马巷是宋高宗命名的吗	67
狗耳巷的命名与"狗"有关系吗	68
"螺丝转弯"是一个地名吗	68
"止马营"的名字有何来历	69

南京的人文景观

南京有名的博物馆　　　　　74

- 江南贡院陈列馆曾经是考场吗　　　　　74
- 雨花台烈士纪念馆是谁设计的　　　　　75
- 南京渡江胜利纪念馆为何而建　　　　　76
- 八路军驻京办事处纪念馆都住过哪些名人　　　　　77
- 您知道江苏最大的民营博物馆是哪座吗　　　　　78
- 曹雪芹曾经在江宁织造博物馆居住过吗　　　　　79
- 南京龟鳖博物馆中的"周氏闭壳龟"有何来历　　　　　80
- 南京大屠杀纪念馆是如何揭露当年日本人的罪刑的　　　　　81
- 南京市博物馆里有哪些镇馆之宝　　　　　82
- 南京博物馆具有哪些特点　　　　　83

南京的公园　　　　　85

- 鼓楼公园里的龙凤亭到底是何时建造的　　　　　85
- 鼓楼公园里的戒碑与康熙有关吗　　　　　86
- 鼓楼公园的八角亭是齐燮元建造的吗　　　　　87
- 大钟亭公园中的紫铜鸣钟有着怎样凄美的故事　　　　　87
- 午朝门公园的修建与明故宫有何关系　　　　　89
- 东水关公园"四古"指的是什么　　　　　90
- 石头城公园中的石头城为何又叫"鬼脸城"　　　　　91
- 菊花台公园是谁的陵墓　　　　　92
- 为何说燕子矶公园内的两块木牌拯救了很多人的生命　　　　　93
- 九华山公园里为什么会有三藏塔　　　　　95
- 白马石刻公园里面全是石马吗　　　　　97

南京的民俗特色

南京人的节日习俗　　　　　100

- "掸尘"是老南京人独有的习俗吗　　　　　100
- 老南京贴春联的习俗与朱元璋有关吗　　　　　101

老南京人过春节贴"福"字是因为马皇后吗 102
老南京人是如何过"除夕"的 102
南京人是如何拜年的 103
老南京人春节为何要炒"元宝菜" 104
南京人过年为何要吃年糕 105
老南京人正月初一早上为何要喝屠苏酒 106
老南京的春节中有哪些有趣的民俗 107
老南京人是如何"送灶"的 108
"初八上灯,十八落灯"是怎么形成的 109
老南京人是怎么送财神的 109
正月十六的"爬墙头"有何寓意 110
老南京人立春时为何要吃萝卜 111
南京人是如何过清明节的 111
老南京人为什么要在端午节当天把娃娃装扮成小老虎 112
"玩月桥"是老南京人哪个节日的风俗 113
老南京有什么婚嫁习俗文化 114

南京人的休闲娱乐 116

听南京白局真的不花钱吗 116
南京白话与传统相声的区别 117
扬剧中都有哪些经典曲目 118
扬剧中也分生、旦、净、丑四大行当吗 119
现代扬剧的音乐体系是由哪些曲调组成的 120
香火戏是由祭祀神灵发展而来的吗 120
南京评话的祖师是谁 121
麻雀蹦的兴起与李自成有关吗 122
昆曲是"中国戏剧之母"吗 122
昆剧有着怎样的艺术特点 124
昆剧共有哪些行当 125

南京的美食及特产

南京的美食小吃 128

南京菜为何又被称为"京苏大菜" 128

"金陵八绝"指的是哪八绝	129
为何四季大煮干丝的佐料都不尽相同	129
素什锦中的"什锦"是什么意思	130
南京的什锦豆腐脑跟其他地方的有何不同	131
南京板鸭有何特殊的来历	131
状元豆和状元有什么关系	132
鸭血粉丝汤到底是谁发明的	133
朱元璋曾经也十分喜食回卤干吗	133
您知道什么是五香蛋吗	134
金陵菜都有哪些名菜	134
美人肝是什么菜肴	135
扁大枯酥是一道什么菜	135
四味烧饼指的是哪"四味"	136
糖粥藕是因小贩的叫卖声而得名的吗	136
雨花石汤圆有何奇妙之处	136
为何说桂花鸭曾救过朱元璋的命	137

南京的土特产　138

南京雨花石到底是谁发现的	138
"雨花石"一名的由来与佛教有何渊源	139
如何甄别雨花石的真假	140
周总理曾经也收藏过雨花石吗	141
云锦曾经真的是皇室贡品吗	141
您听过仙女织云锦的故事吗	142
南京仿古牙雕在制作上有哪些特点	143
朱元璋当年也佩戴过金陵折扇吗	144
南京水八鲜指的是哪"八鲜"	144
雨花茶在东晋时就已经出现了吗	146

南京的山水园林

南京的名山胜水　148

您知道栖霞山中"栖"怎么读吗　148

紫金山为何被誉为"中华城中人文第一山"	149
狮子山与明王朝的建立有何关系	149
牛首山为何又叫天阙山	150
梅花山有何历史变迁	150
"金陵"与幕府山有何关系	151
为何说幕府山是一座"多灾多难"的山	151
游子山与孔子有何关系	152
法融禅师是在祖堂山得道的吗	153
祖冲之是在九华山上发明的水碓磨吗	154
历史上九华山有何变迁	154
昭明太子死于玄武湖吗	155
莫愁湖有何凄美传说	156
梅花山上的梅花是怎么来的	157
六合龙池有什么故事传说	158
铜山的金牛洞住过金牛吗	160

南京的园林景观　　　　　　　　　　　　161

"瞻园"名字来源何处	161
南京鼓楼有何景观	162
谁在"胜棋楼"下过棋	162

南京的古寺陵墓

南京的古寺　　　　　　　　　　　　　　166

栖霞寺与三论宗有何渊源	166
千佛岩里到底有多少个佛龛	167
无量殿中的"石公佛"有何神秘之处	168
"画龙点睛"的传说发生在金陵安乐寺吗	168
灵谷寺为谁而建	169
灵谷寺的无梁殿真的没有一根梁柱吗	170
灵谷寺的功德泉水是怎么来的	170
《南京条约》是在静海寺里签订的吗	171

静海寺里的警示钟有何深远的寓意	172
定林寺斜塔里真有佛陀的舍利吗	173
宏觉寺的修建是因唐代宗的一场梦吗	173
夫子庙中的"夫子"指的是谁	174
印度高僧达摩曾在定山寺内修行过吗	175
龙泉寺有何历史传说	176
古惠济寺的三株古银杏树有何传奇故事	177
您知道鸡鸣寺的前身之谜吗	178
古瓦官寺因何而得名	178
您知道兜率寺中的"兜率"二字是什么意思吗	179
毗卢寺中的"毗卢"指的是什么	180
毗卢寺的扩建真的是因一句戏约吗	180
梁武帝真的曾在同泰寺讲过经吗	181
长芦寺为何要被刻意烧毁	182
鹫峰寺与其他著名寺庙有何不同	182
"玄奘寺"的名字由何而来	183
无想寺跟哪个景点可以成为一副绝妙的对子	184
大报恩寺内的"三绝"是哪三绝	185
法眼宗是在清凉寺内创立的吗	186
清凉寺的幽冥钟因何而来	187

南京的陵墓   188

六朝陵墓指的是哪六朝	188
明孝陵为何有"明清皇家第一陵"的美誉	189
明孝陵中为何要修建御河五龙桥	190
明孝陵前的治隆唐宋碑有何寓意	191
明孝陵前的六国文字碑是为防止游客"涂鸦"而立的吗	192
您了解明东陵主人朱标的童年吗	192
朱标的"帝号"为何被废除	194
南京为何没有朱允炆的陵墓	194
为何孙中山生前就决定将自己的陵墓选在明孝陵旁	195
"南唐二陵"是哪两位皇帝的陵墓	196
郑和死后到底埋在了哪里	196
廖仲恺墓为何会搬到南京	197

李文忠究竟是怎么死的	198
渤泥国王墓为何会在南京	199
您听过马纯仁投河被封桥神的故事吗	200
明孝陵的朱元璋画像有何来历	200
明孝陵的石人雕像为何会被称为石驸马	202

南京城里的趣闻与名人故居

南京城的民间趣闻   204

石头城是孙权建的吗	204
石头城不止一个吗	205
梁武帝为何会饿死台城	206
梁武帝饿死台城的因果传说	206
楚王庙真的能分辨出好人与坏人吗	207
朱元璋为何要火烧"庆功楼"	208
南京城墙是用手传砖修建的吗	209
南京四方城"两龟驮一碑"的传说	210
达摩一苇渡江有何神机	211
南京鸡鸣寺"金鸡斗蜈蚣"的传说	212
南京牛首山有什么来历	213
达摩去过定山寺吗	214
王导为何说"伯仁由我而死"	215
南京城最早的澡堂子是什么时候开的	217
江宁老头为何敢叫"乾隆"	217
活佛济公原型竟是南京高僧	219
孙权儿子如何破"鼠屎案"	220
李白在南京遇红粉知己	221
南京科举考试中曾发生些什么	222

南京城的名人故居   224

王安石南京故居为何叫"半山寺"	224
甘熙故居真的有"九十九间半"房屋吗	225

为何说京剧挽救了甘熙故居	226
龚贤故居为何又叫扫叶楼	227
拉贝故居为何一度成为"中国人的诺亚方舟"	227
您了解马歇尔在南京的公馆吗	228
司徒雷登与中国有何渊源	229
秦大士故居为何被称为"大夫第"	230
刘芝田故居真的是胡大海的私宅吗	231
陈作霖故居为何会变成"小家蜗居"	232
太平天国时期的赞王府真的是沈万三的故居吗	233
徐天赐的故居是"抢"过来的吗	234
您了解朱之蕃故居吗	235
在宋子文公馆里曾发生过哪些事	236
为什么说杨廷宝故居是借别人地基盖的房子	237

附录

名胜古迹TOP10	240
名山胜水TOP10	243
美食特产TOP10	246

开 篇

南京概况

南京是中国四大古都之一，素有"六朝古都""十朝都会"之美誉，历史渊源流长，文化底蕴深厚，各类遗存众多，历史名人辈出，是中华文明的重要发祥地之一。因此，在踏上南京之旅前，我们有必要了解一下南京的历史、地方特色、少数民族分布及风俗习惯、方言等，这样，我们在旅行中不仅能收获欢乐，还能将老南京城独有的文化韵味带到我们的生活中去。

南京历史概况

首先我们来简要了解一下南京城的历史。著名历史学家朱偰先生在比较了长安、洛阳、金陵、燕京四大古都后，曾言："此四都之中，文学之昌盛，人物之俊彦，山川之灵秀，气象之宏伟，以及与民族患难相共，休戚相关之密切，尤以金陵为最。"可见南京作为古都，在中国历史上的战乱时期、中原很多地区被异族占领后以及汉民族即将遭受灭顶之灾时，成为了汉民族选择的休养生息之地。

南京有着6000多年的文明史、近2500年的建城史和近500年的建都史，与西安、洛阳、北京并称为"中国四大古都"。自公元229年东吴孙权迁都南京以来，东晋，南朝的宋、齐、梁、南唐、明、太平天国以及中华民国也建都于此，因此又有"十朝都会"之称。

在南京东郊的汤山，发现过古人类遗址和猿人头骨，这表明早在数十万年前就已经有猿人在此生活了。根据史书的记载，南京城的修建始于春秋时期。由此可见，南京是中国历史上举足轻重的都城，更是一座拥有悠久历史的文化名城。

不同的历史时期，南京先后有过很多旧称，如：金陵、建康、建业、江宁、集庆、上元等。

来南京旅游，在这里既能感受到现代都市的"忙碌"气息，又能体会到古南京城的休闲氛围，想象当年秦淮河畔的旖旎风情，欣赏婉约可人的南京佳丽，相信你会更加明白"江南佳丽地，金陵帝王州"这句话的深刻含义！

南京独有的特色

南京城所独有的特色，是其他城市所验难以模仿的，因为它来源于古代文明，历经数千年的文化积淀。南京的饮食对游客们来说可是很大的诱惑，而且这些小吃一定要在南京城所独有的氛围中，才能吃出那地道味来。还有地标、特产、艺术以及历史名人等，无不透露着老南京所独有的韵味。

南京的饮食"符号"

◎ **金陵烤鸭**

金陵烤鸭是江苏名菜之一，色泽金红，香脆酥松，油润光亮，肉嫩鲜香，食之满口留香，可谓色、香、味俱佳。对于南京人来说，家中来了亲朋好友，一定要用金陵烤鸭来招待才能显出主人的热情好客。

◎ 盐水鸭

盐水鸭，因为是在桂花盛开的季节制作，故又美名曰"桂花鸭"。是南京久负盛名的特产，至今已有一千多年历史。盐水鸭四季都可制作，不过唯有秋天的口味更佳。除了鸭肉肥美之外，还有淡淡的桂花香，鸭皮白肉嫩、肥而不腻、香鲜味美，具有香、酥、嫩的特点。

◎ 八宝珍珠鸭

八宝珍珠鸭，是南京城最著名的传统鸭肴之一，从20世纪二三十年代起便闻名全国，人人乐享其美味。这道菜在制作时将鸭子从背部剖开，剔除全部骨头而又保持鸭形完整，其制作手法非常独特。成品肉质酥烂，原汁原味，是鸭类佳肴中的上品。

南京的地标"符号"

◎ 南京长江大桥

南京长江大桥，建成于1968年，是长江上第一座由中国自行设计和建造的双层式铁路、公路两用桥梁，在中国桥梁建造史上具有重要意义。南京长江大桥上层为公路桥，下层为双轨复线铁路桥，它位于南京市鼓楼区下关和浦口区之间，是南京著名的景点之一，以"天堑飞虹"列入"新金陵四十八景"。

◎ 紫峰大厦

紫峰大厦位于鼓楼区鼓楼广场，于2010年建成开业。大厦整体设计总高度450米，总楼层89层，是世界第七高楼、中国第四高楼（截至2013年），也是江苏第一高楼。周边区域有玄武湖、北极阁、鼓楼、明城墙等历史古迹，是登高欣赏风景的好去处。

南京的特产"符号"

◎ **雨花石**

雨花石是一种天然玛瑙石，也称文石、幸运石，是观赏石中的奇葩，有美丽的色彩与花纹。雨花石的形成经历了原生形成、次生搬运和沉积砾石层三个复杂而漫长的过程，可谓历尽沧桑方显风流了。雨花石主要出产于南京市六合区，是当地开采砂矿的附属物，所以有"一吨黄沙四两石"之说。雨花石兼具质、形、纹、色、呈象、意境之六美，有"天赐国宝，中华一绝"之美誉。自南北朝以来，文人雅士们都喜爱收藏、观赏，到唐宋时更是盛行。同时，雨花石也受到外国游客的青睐。

◎ **云锦**

云锦是中国传统的丝制工艺品，至今已有1600年历史。因色泽华丽灿烂，状如天上云彩，故名云锦。现在，云锦只有南京生产，所以常称为"南京云锦"。它与苏州宋锦、四川蜀锦一起，并称为中国"三大名锦"。如今，只有云锦还保持着传统的特色和独特的技艺，保留着传统的老式提花木机织造工艺。

南京的艺术"符号"

◎ **南京评话**

南京评话又称"讲评词"，是用南京方言说讲的评话。南京评话以长篇讲史为主，表演上有文、武两派之分，文派又名"呆口"，讲究说工；武派重做工，讲究身段。主要表演剧目有《三国》《水浒》《岳飞传》等，"说""演"并重，常于其中穿插许多南京的风土人情，具有浓厚的地方色彩。

◎ **南京白局**

南京白局，起于明代织锦工人用南京方言演唱的俗曲、小调、民歌，当时是为了自娱自乐，之后逐渐演变为一种曲艺曲种。最初，因为演唱者不收报酬，"白唱一局"，故称"白局"。白局至今已有600多年的历史，与相声相似，通常由一到两个人表演，最多三至五人，说的都是南京方言，唱的都是俚曲。通俗易懂，韵味淳朴，生动诙谐，极具浓郁地方特色。据考证，元曲曲牌中的"南京调"为白局的古腔本调。

南京气候特点

南京属亚热带季风气候，雨量充沛，年均降水1200毫米，四季分明，年平均温度15.4℃，年极端气温最高39.7℃，最低-13.1℃。

南京春季风和日丽；梅雨时节，又阴雨绵绵；夏季炎热，与武汉、重庆并称"三大火炉"；秋天干燥凉爽；冬季寒冷、潮湿。

南京春秋短、冬夏长，冬夏温差显著，四季各有特色，皆宜旅游。因此就有了"春游牛首烟岚""夏赏钟阜晴云""秋登栖霞胜境""冬观石城霁雪"之说。

"夏热冬寒"是南京较之其他江南城市有过之而无不及的显著气候特征，通常农历腊月下雪机会最多，如果您有缘在南京遇上大雪，那也是令人神往的，雪景更令金陵城显得妩媚动人。

南京方言

南京方言一般指南京话，又称南京官话，它曾经是中国的官方语言。五胡乱华、衣冠南渡之后，中原雅音（即现在的南方方言）南移，中国的官方语言便分为南北两支。明朝定都南京之后，南京官话（即曾经的中原雅音）便成为官方语言。当时来华的西方人都是以南京话为正音。到了清朝时期，北京话才成为中国标准语。所以说，南京话在历史上曾占据重要的地位，深远影响着如今的中国语言形态。

您来南京旅游，遇上地道的老南京人，如果他们跟你说下面这些字眼，您可真的要知道他们说的是什么意思，以免闹出一些笑话。

"磕七头"，是膝盖的意思，并不是让您磕七个头。

"茅斯"，是厕所的意思。如果您着急上厕所，又一时半会儿不知道在哪儿，你不妨喊上一声"茅斯"，相信一定会有很多热心的南京人告诉您"茅斯"在哪儿。

"老瓜子"，是脑袋的意思。如果您听到南京人对您说"老瓜子……"，人家那是在说你的"脑袋"，并没有请你吃瓜子的意思。

"阿吃过啦"，是吃过没的意思。老南京人问您"阿吃过啦？"您要知道那是人家在问你吃过没，你可别傻傻地站那儿，显得没礼貌。

"胎气"，是大方的意思。南京人说你"胎气"，您要知道人家那是在夸您大气呢！

"唉油"表示"厌恶"的意思。如果您听到南京人发出"唉油"的声调时，那可不是人家肚子疼，而是对您有"厌恶"之意，建议您最好别再跟对方聊下去了，以免产生一些不必要的麻烦。

历史上的老南京与城门楼

南京是中国的"四大古都"和历史文化名城之一，在朝代更替、动荡不安的年代是各个政权相互争夺的对象，于是就不可避免地发生了许多历史大事件，比如"侯景叛乱""南京屠城""朱元璋定都南京"等。此外，明朝是中国古代最后一个定都南京的朝代，所以今天我们所看到的名胜古迹多是明代遗留下来的。作为古都，作为曾经的国家政治中心，南京城最不可缺少的部分就是捍卫政权的城墙、城门楼。通过了解南京城门楼的历史，我们就可以一窥南京城的政权变迁。

老南京的历史

历史上南京都有过哪些旧称

南京有着"六朝古都""十朝都会"的称号。那么，您知道历史悠久的南京曾经都有过哪些旧称吗？

公元前495年，吴王夫差为了铸造兵器，在如今的南京市朝天宫的后山建设城池，称之为"冶山"，也叫作"冶城山"。

金陵山

公元前472年，越王勾践进攻楚国，命令范蠡在如今南京的中华门外建设城池，历史上把这座城池称为"越城"，因为这项工程是由范蠡主持的，所以这座城池也叫做"范蠡城"。

公元前333年，楚国把越国消灭之后，在如今的清凉山上修建了一座城池，因为当时的清凉山叫作"金陵山"，所以这座城池被命名为"金陵"。

秦朝时期，秦始皇第五次出巡到达金陵时，陪同秦始皇的几个望气术士对他说："此地有天子气。"秦始皇听了之后很是高兴，于是下令开凿方山，让淮水流到金陵，并且把金陵更名为"秣陵"。

三国时期，孙权把大本营迁到秣陵，并将秣陵改名为"建业"，意思是"建立帝王大业"。后来，孙权把建业定为国都。这成为南京建城史上的一个重要转折点。

公元280年，司马炎攻打吴国，吴国兵败。而后，司马炎把建业改为建邺。到了晋朝末期，又把建邺更名为"建康"。

公元620年，唐朝秦王李世民把杜伏威收服，为了鼓励这种归唐的行为，唐高祖把杜伏威居住的地方（南京）改名为"归化"。到了公元626年，又更名为"白下城"。

公元937年，徐知诰代吴称帝，史称"南唐"，将南京定为都城，并改名为"江宁府"。

北宋初期，江宁府百日改名为"升州"，之后又更名为"建康府"。到了1277年又改名为"集庆路"。

明朝建国之后，朱元璋把集庆路改为"应天府"。1368年，将应天府改为"南京"。1378年，南京被定为"京师"。

清朝初期，南京被恢复为"江宁府"。太平天国时，南京被攻陷，洪秀全把江宁府改名为"天京"。

辛亥革命时，中华民国把首都定于江宁府，并改名为"南京府"。而后南京先后被称为南京市、南京特别市、南京直辖市以及首都市等。

中华人民共和国刚刚成立的时候，南京仍然是直辖市。到1952年改为江苏省辖市。

历史上曾被称作南京的地方有哪些

提到南京，人们想到的肯定是现在的江苏省会南京市，但是您知道吗，在漫长的历史中，曾经有八个城市被称为"南京"。

江苏镇江就是最早以"南京"命名的城市。公元317年，司马睿为了安抚北方的侨民，在北方人聚集的京口设置了南徐州。而当时的百姓把京口称为"南京"。

成都是历史上以"南京"命名的第二个城市。公元756年,为了躲避"安史之乱",唐玄宗逃到天府之城蜀郡(今成都),把蜀郡改名为成都府,由于位于京城长安以南,所以成都也被称为"南京"。

辽宁的辽阳是以"南京"命名的第三个城市。公元927年,辽太宗耶律德光即位,为了扩张领土,他四处征讨。到了次年,他把属地辽宁命名为"南京"。

幽州(今北京)是以"南京"命名的第四个城市。公元936年,河东节度使石敬瑭为了反对后唐,以称子、割让燕云十六州为条件,乞求耶律德光发兵求助。之后,耶律德光亲自率领5万兵马,在晋阳城打败后唐军,将石敬瑭立为后晋皇帝。后来,耶律德光在取得燕云十六州之后,就把幽州改为了"南京",而之前的南京(今辽阳),则被更名为"东京"。

宋州(今河南商丘)是以"南京"命名的第五个城市。宋州曾经是北宋开国皇帝的发祥地,在他还没有称帝的时候曾经在宋州担任节度使。由于这个原因,在宋真宗景德三年的时候,宋州被升为应天府,又因为它位于都城汴京的西南方向,所以在公元1014年被更名为"南京"。

平州(今河北卢龙)是以"南京"命名的第六个城市。公元1115年,金太祖完颜阿骨打建立金国,把会宁(今黑龙江阿城县南)定为都城。到了1123年,金太祖把平州定为"南京"。

汴京(今河南开封)是以"南京"命名的第七个城市。公元1153年,金海陵王夺取政权之后,把都城从会宁迁到了燕京,并把燕京定为中都(都城),因为汴京是在燕京的南部,所以被称为"南京"。

应天府(今南京)就是以"南京"命名的第八个城市。公元1368

年,朱元璋建立明朝,以应天府为南京。

这就是历史上的八处南京,人们可能不是特别了解,但它们在历史的长河中真的存在过。

您知道南京历史上发生过几次"大屠杀"吗

南京是一座美丽的城市,也是一座伤感的城市,这是因为"南京大屠杀"的存在。说到南京大屠杀,人们就会想起1937年日军屠杀中国人的事件。不过,苦难的南京并不只有1937年的这一次大屠杀,根据资料记载,在南京的历史上总共发生过六次大屠杀事件。

南京大屠杀纪念馆雕塑

第一次发生在公元548年的"侯景叛乱"之时。根据史料记载,当时居住在建康(今南京)的28万户居民死亡数为十分之八。

第二次发生在公元1130年,金军在掠夺南宋后宫上万名宫女妃子之后,在三日内屠杀了将近17万的百姓,仅十分之一的百姓幸存。

第三次发生在1853年,当时洪秀全率领太平军攻下南京。根据拜上帝教的教义,他们认为满人属于"妖孽",所以必须被杀死。据《金陵省难纪略》记载,"数百万生灵,城初破死者盖已不下数百万矣"。

第四次发生在1864年,当时,南京被曾国藩率领的湘军攻破。湘军进城杀人放火,抢掠财物。天京城内血流成河,曾国藩也曾经说过:"秦淮长河,尸骨如麻"。

第五次发生在蒋介石于南京当政之后。为了排除共产党人,他在雨花台杀害的共产党人以及革命群众多达10万人,其中有早期的领导人邓

中夏、罗登贤以及刘少奇的第一位夫人何宝珍等人。

第六次便发生在1937年12月初，当时日本军队攻陷南京城，得到了"杀掉全部俘虏"以及对平民"断然处置"的命令。30万南京同胞，不论男女老少，全都走进了屈辱的历史。

朱元璋为何不愿意将都城定在南京

人们都知道，朱元璋建立明王朝之后，将都城定在了南京，但很少有人知道这并非他的本意。

公元1353年，朱元璋攻克定远后，听取了谋士冯国用的建议，以金陵作为他的根据地。公元1356年，朱元璋攻下集庆，把它改名为"应天府"。又经过了12年的艰苦奋战后，他终于击败了其他的割据势力，于1368年在南京称帝，国号"大明"。然而，当时并没有定下国都，直到第二年九月，他才召集群臣商议定都之事。当时备选的都城分别是：长安、洛阳、开封（当时称北京）、北平（今北京）、临濠（今安徽凤阳）、南京。朱元璋很想在自己的老家临濠定都，但在大臣刘基的极力劝说下，他还是将南京定为了都城。

南京被定为都城之后，有三个问题一直困扰着朱元璋。一是中国的政治中心一直在北方，建都南京偏于东南，不便控制全国；二是元朝残余势力仍虎视中原，伺机南下，建都南京有鞭长莫及的感觉；三是大内（皇宫）是填燕雀湖而成，地势下沉，朱元璋认为这破坏了风水，对子孙后代不利。出于这些原因，朱元璋一直想要迁都，他认为长安是一个不错的选择，于是就派太子朱标前去视察。然而，当时全国经济格局早非汉唐时代，长安地理位置过于偏西，经济上也较为贫瘠。他认识到迁都长安是行不通的，也就打消了迁都的意图。

公元1398年，朱元璋死后，他的四子朱棣从侄儿手中夺取了政权，并于公元1420年迁都北平。这一方面与北平是朱棣发迹之地有关，另一方面也与朱元璋不愿把南京作为都城有关。

朱元璋在修建南京城时所用的砖有何特点

朱元璋在打天下时，曾向学士朱升讨教过战略方针，朱升答道："高筑墙，广积粮，缓称王。"朱元璋听后非常高兴，而他也是按照这一方针进行下去的，从而一步步完成了统一大业，而南京明城墙也正是"高筑墙"方针下的产物。

明城墙始建于1366年，完成于明洪武末年，前后历时近30年。它不仅是中国古都中保护最为完好的古代城墙，也是世界上保存至今最大的一座古代城垣。

南京明城墙，共耗费了数亿块城砖。城砖一般长40～45厘米，宽20～22厘米，厚11～13厘米。这些城砖因为来自不同的地方，所以它们的土性也是不同的，有黏土、沙土、高岭土等。而且，大多数城砖都留有铭文，少则一字（或一个符号、记号），多则70余字。近几十年，很多文物工作者对城砖上的铭文进行考证得出，这些城砖分别来自长江中下游地区，如江西、安徽、湖南、湖北等。城砖上的内容则是负责烧制城砖的各个等级的负责人的名字，上至州府官员，下至烧砖窑匠均需在城砖上留下姓名，以便验收时对不合格的城砖追究制砖人的责任，失职者甚至要被杀头。正是这种严酷的制度，确保了南京明城墙的高质量。

南京城墙实名烧制的砖

如今,南京城墙已经成为一件历史的艺术品,成为了南京的城市名片。

南京城的城墙到底有多长

这座在明代初期就已经建成的南京明城墙已经屹立了600多年,被列为全国重点文物保护对象。那么,您知道南京城的城墙到底有多长吗?

南京城的城墙周长曾经号称96公里,如今经过有关部门的实地测验,结果是35.26公里,是我国明清时期最大的城池。即使是与全世界同时期的城池相比也是名列前茅的,城周超过29.5公里的巴黎都不是南京城的"对手"。

南京城的城墙高度大约是在14米到22米之间,宽度则是在14米左右,顶部有4米到9米宽。大部分城墙的建设都采用花岗岩或者石灰岩作为基础,两壁和顶部则用大砖垒砌,内外壁中间的空隙

南京城墙

就用碎砖、碎石以及黄土来填满。而砖与砖之间的缝隙则是用一种由石灰、糯米汁和桐油掺和而成的浆料填补的,因为这种浆料的黏着力特别强,所以南京城的城墙能够久用不坏。墙顶上还有石质的泄水槽,它的作用是可以排出雨水,使城墙少受损害。地基部分每隔一段距离也有一个排水洞,可以把城墙内侧的积水排到城外。正是这样巧妙的设计,南京城墙才得以屹立数百年。

南京也有一座故宫吗

一提到故宫,一般人想到的就是北京故宫。但您知道吗,南京曾经也有一座故宫存在。

南京故宫,又被称为南京明故宫、南京明皇宫以及南京紫禁城,是明代北京故宫的蓝本。是中世

明故宫遗址公园

纪时期世界上最大的宫殿,有着"世界第一宫殿"的称号。南京故宫气势恢宏,曾经作为明初三代皇帝的皇宫,有54年的历史。到了公元1421年,明成祖把都城迁移到了北京,南京故宫作为王朝故宫的使命才正式结束,但明成祖仍然派皇族以及重臣驻守这里,地位非常重要。

南京故宫始建于公元1366年,当时朱元璋还是吴王,所以被称为"吴王新宫"。后来,朱元璋称帝,南京故宫就被称为"皇城"。最初,南京故宫的规模有限,只建有中路的外朝和内宫,东、西两侧都是空地。又由于朱元璋称帝之后,把人力、物力都集中在了修建凤阳中都城上,所以南京故宫的修建就被搁置了。直到公元1375年,朱元璋把营建中都城的计划暂时搁置,才把力量转移到修建南京故宫上。这次修建后,才真正使南京故宫有了"世界第一宫殿"的称号。

南京故宫是怎样衰毁的

南京故宫曾经是一座气势恢宏、富丽堂皇的皇宫建筑,但现在却仅仅剩下少量遗迹。那么,它是怎样一步步走向衰毁的呢?

有人认为，南京故宫的衰毁是由于太平天国战争的爆发，其实，这种说法并不全面。根据史料记载，早在明代与清初，南京故宫就已经遭受过多次破坏，所以它的衰毁并不是一蹴而就的，而是经历了一个过程。

明代建文年间，南京故宫遭受到第一次灾难。当时，朱元璋驾崩，他的孙子继承了皇位，即建文帝。这引起了燕王朱棣的不满，朱棣就以诛杀奸臣为旗号，挥军南下，经过四年的战争，终于攻陷了南京。南京城破之时，宫中烧起了一场大火，奉天殿等宫殿都被烧毁，而建文帝和他的妃子也被烧死。之后，朱棣继承皇位，即明成祖。公元1421年，明成祖朱棣把都城迁到了北京，南京故宫便随着时间的流逝而慢慢被冷落，在之后的几百年里，在风雨的侵蚀下，逐渐损坏。

其中，公元1449年的夏天，天上下起了雷雨，华盖等宫殿被雷击中而起火。公元1485年，南京刮起了大风，把太庙前的大树都拔了起来，摧毁了大祀殿和皇城的很多城门。公元1522年，下起了暴风雨，江水都溢了出来，社陵寝宫以及城垣都被毁坏了。到了公元1644年，李自成攻陷北京之后，崇祯皇帝的弟弟逃到了南京，建立了南明小朝廷，但当时的南京故宫已经非常衰败了，连金銮殿都已经荡然无存。到了清朝咸丰年间，因为太平天国战争的爆发，使得南京故宫又遭受了一次较大的破坏，建筑物全部都被摧毁，只剩下了午朝门以及地下柱基等少量的遗迹了。

这就是南京故宫衰毁的过程。庆幸的是，随着中华人民共和国的成立，南京故宫遗址又获得了新生。刘伯承、陈毅等同志与有关专家进行座谈，都认为这是我国的重要历史皇宫遗址，应该对它进行保护。到了1956年10月，南京故宫遗址被列为江苏省重点文物保护单位。现在市政府正在筹划新的保护以及利用方案，希望可以使南京故宫发挥更大的作用。

为何说明故宫是北京故宫的前身

公元1402年,朱棣在南京登基称帝。因为他曾经是驻守北京的燕王,所以他认为他的根基是北京,于是就下令把都城迁到北京。但当时的北京因为连年战乱而城垣破落,于是朱棣就命令下属修建新城,同时把皇宫也修建起来。北京故宫就是在这个时期修建起来的,其间动用了大量的人力、物力,消耗了无数的金银。

南京午门

根据北京博物馆的专家所说,北京故宫是以南京故宫为蓝本设计建造的。朱棣照搬了南京故宫的布局以及营造制度。因为朱元璋是明朝的开国皇帝,南京故宫的营造体系就是由他设定的,这一点被后世的皇帝严格遵守,认为不能够随意变动,所以朱棣就把南京故宫的营造制度照搬了过来。

有关皇宫的布局,北京故宫设置的"左祖右社"与南京故宫是一致的;北京故宫设置的前庭后寝与南京故宫也是一致的。北京故宫设置的城门的数量以及名字都与南京故宫一致。这就是南京故宫是北京故宫前身的原因了。

建国后南京行政划分发生了什么变化

南京解放之初,与上海一样被定为中央人民政府直辖市,是新中国成立之初的13个直辖市之一。

当时,江苏分为苏北与苏南两部分。苏北行政区于1942年4月21日成立，驻于泰州市，管辖泰州、扬州、盐城、淮阴、南通5个行政分区，囊括41个县、市。苏南行政区于1949年4月26日成立，驻无锡市，管辖无锡市与镇江、武进、苏州、松江4个行政分区，囊括27个县、市。

1952年9月，江苏省人民政府成立，苏北、苏南行政公署撤销。同年11月，中央人民政府委员会决定，将南京改为省辖市，江苏省人民政府设于南京。1953年，江苏省人民政府在南京正式成立。

1990年，南京被国务院列为国家计划单列市（中华人民共和国行政区名之一），被授予相当于省一级的经济管理权限，而不是省一级行政级别。计划单列市的收支直接与中央挂钩，由中央财政与地方财政两分，与省级财政脱离关系。出任这一行政区的官员级别相当于副省级。

1993年，中央政府准备撤销城市计划单列。1994年2月，省会城市取消计划单列，设立"副省级城市"。南京被定为副省级城市。副省级城市与其他城市的区别，主要在于国民经济与社会发展计划方面。国务院将副省级城市视为省一级计划单位，拥有省级政府的权限。

2013南京行政区划图

2002年4月，南京行政区划调整，南京管辖玄武、白下、建邺、鼓楼、秦淮、下关、雨花台、栖霞、浦口、江宁、六合11个区以及溧水、高淳两县。

2013年2月，南京再次进行行政区划调整，合并秦淮区、白下区，成立新的秦淮区；合并鼓楼区、下关区，成立新的鼓楼区；溧水县改为溧水区，高淳县改为高淳区。南京市由11区2县调整为11个区。

南京人为什么选梅花为市花

梅花属于蔷薇科落叶小乔木,每年2月份开花,端庄静雅,凌寒傲雪,被视为高风亮节的象征。

中国是梅的故乡,四川、云南为其发展中心,有三千多年的栽植历史,中国人自古以来一直有赏梅、爱梅的传统。南京种植梅花的传统兴于六朝(即孙吴、东晋、南朝宋、南朝齐、南朝梁、南朝陈),梅花妆的典故就出自南朝时期。

梅花山

相传,南朝宋武帝之女寿阳公主曾在正月初七躺在含章殿下小憩,殿前的一朵梅花恰恰落在她的额头上,将额头染出花瓣状。宫中女子见公主额头上的梅花印十分美丽,于是纷纷摘梅花贴于额头上,后来梅花妆就传到了民间,成为当时女子争相效仿的妆容。

六朝以后,文人墨客在南京赏梅花并留下了诸多诗文画卷,比如诗仙李白的《新林浦阻风寄友人》:"昨日北湖梅,开花已满枝,今朝白门柳,夹道垂青丝。"民国时期,人们以梅花为国花。建国后,南京的梅花种植更为广泛。1982年,在南京市第八届人大第二次会议上,市政府决定将梅花定为南京市市花。

南京人为何如此喜爱梅花呢?这当然与梅花的品质脱不了关系。百花园中,梅花开在先,素有"一树独先天下春"之誉。而且,梅花还是吉祥的植物,有"梅开五福"之说,梅花的五朵花瓣象征着快乐、幸运、长寿、顺利、和平。南京人喜欢梅花那坚强不屈、高风亮节的精神,再加上南京有梅花山、梅园新村等具有历史意义的地方,所以梅花就理所当然地成为了南京市市花。

老南京的城门楼

"里十三，外十八"是什么意思

关于南京的城门，在南京民间一直流传着一首童谣："城门城门几丈高？三十六丈高。骑白马，带把刀，城门底下走一遭。"而说起南京城门的数量，早几辈的老南京人能够掰着手指头给你数出来。那您知道"里十三、外十八"是什么意思吗？

清凉门

南京现存的城门，主要修建于明代朱元璋时期，而明代的南京城是由宫城、皇城、京城以及城郭这四圈城垣组成的。而"里十三"指的就是京城的城门，共有十三座，包括朝阳门（今中山门）、正阳门（今光华门）、通济门、聚宝门（今中华门）、三山门（今水西门）、石城门（今汉西门）、清凉门（又称清江门）、怀远门（今定淮门）、仪凤门（今兴中门）、钟阜门、金川门、神策门（今和平门）、太平门。这些城门与城内的大街相连，街道间主次分明，井然有序。每座城门都建有规格不同的城楼，拥有瓮城的城门甚至还建有镝楼，从而形成了前、后两楼的格局。每座城楼的城门都是以木质对开以及两道千斤闸的形式设置的，但是它们并不要求城门的位置对称，都是根据城防以及城市的整体格局布置的，从而能够为城市的防御体系以及交通网络打下坚实的基础。

"外十八"是指城郭的城门，据说明朝开国皇帝朱元璋认为紫禁城的东部距离钟山太近，对紫禁城的防御不利，所以就下令建设一部分外城墙来保护紫禁城的安全，而这些外城墙一共开了十八座，包括麒麟门、仙鹤门、姚坊门（今尧化门）、观音门、佛宁门、上元门、沧波门、高桥门、上方门、夹岗门、双桥门、栅栏门、凤台门、大安德门、小安德门、大驯象门、小驯象门、江东门。

到了现在，内城门已经有了很大的变化。从清朝末期开始，南京市市区逐渐扩大，城市交通的需求也越来越大，因为这些客观因素，内城门又陆续增开了十三道。所以，以前的"里十三"已经变成了"里二十六"。可是，事实上，经过六百多年的历史变迁，很多明朝时期的城门已经不复存在，有的也改了名字，而明朝所开的城门保存到现在的也仅有聚宝门（今中华门）、石城门（今汉西门）、神策门（今和平门）以及清凉门四门。

南京城的午门也有"推出午门斩首"的说法吗

南京城的午门是明故宫的正大门，建于公元1366年。它是一座雄伟的建筑，整体呈倒立的"凹"字状，在两侧有富有秦汉气息的双阙（门楼）。现在的午门遗迹位于南京市御道街，是明故宫留给人们最大的实物，非常珍贵，可惜的是午门上的双阙在20世纪50年代被拆除了，剩下的只有中间的城墙。但即便如此，它还是可以让人们感受到浓烈的明故宫气息。现在的午门遗址和奉天门遗址一起被开辟成了午朝门公园。

那么，南京城的午门曾经也有过"推出午门斩首"的说法吗？"推出午门斩首"这件事是真的吗？

"推出午门斩首"，在史料中并没有记载，只是一种民间的说法。在民间艺术中常常会出现这种情景，但它的产生以及流传的时间并不是很长，大约是从明代开始。因为"推出午门斩首"是跟午门有关的，而午门在元代之前是不存在的，直到公元1366年，在史料中才有了对午门的记载。当时，朱元璋在南京做吴王，他下令在南京修建皇宫。皇宫建成之后，他把皇宫的正南门称为"午门"。后来，大内宫殿修建好之后，朱元璋决定把阙门称为"午门"。从这个时候开始，才慢慢有了"推出午门斩首"这种说法。

据史料记载，在封建观念下，杀人被看作是一种凶事，皇帝是不会让这种不吉祥的事情发生在宫门口的，刑场一般都是在远离皇宫的地方，甚至是在都城之外，所以"推出午门斩首"是一种似是而非的误解，而南京城的午门在史料中也并没有记载过。

您了解历史上有名的光华门争夺战吗

光华门，位于南京市白下区御道街南半段，原本这是一座城门，名为"正阳门"，1931年改成了"光华门"，可惜的是在1955年至1962年期间被毁，但是现在光华门还是作为地名以及公交车站名被使用。

这是一个有故事的"门"。它是1937年日军攻打南京城时战斗最为激烈、伤亡最大的一座城门。历史上把那次战役称为"光华门争夺战"。

光华门遗址

1937年12月9日清晨，在驻守光华门的5师和8师换防的时候，日本军队第九师团胁坂部队趁机抢占了光华门前的通光营房以及大校场。之后，日军用飞机、坦克以及野山炮不断轰击光华门，城楼被炸飞，城垛被炸平。在次日下午，日军在光华门东南角的残墙实施爆破，之后百余名日军通过被炸开的墙口冲进了光华门，胁坂36联队伊藤善光少佐把日本国旗插在了南京的城头上，这里成为了日军首先突破的地点。当时守卫光华门的中国军队用大量的手榴弹、步枪以及机枪与日军展开了激烈的战斗，在短短的时间里死亡了大量的中国战士，最终夺回了光华门。

夺回光华门之后，中国守军把城墙缺口堵住，并且用汽油桶焚烧据守在城门洞中的日军。到了12日，光华门再次被日军突破，在谢承瑞团长的带领下，中国守军用十余挺机关枪的火力把突破的日军全部歼灭，并且用沙袋把缺口再次填补。12日当晚，中国守军撤退，日军占领了残破的光华门。

因为光华门争夺战非常惨烈，所以日本方面对这次战役印象深刻，还被组织成军事材料进行宣传。而当时的光华门被作为"战绩"保存，直到抗日战争结束之后，才把被日军炸毁的城墙修补好。

为何说通济门见证了明王朝的兴衰

通济门，位于南京城南面的城墙上，正阳门在它的北面，聚宝门在它的东面。它有独特的三重船型内瓮城和四道城门，是与聚宝门、水西门齐名的南京城城门中规格最高的三座城门之一，并且在所有的城墙中占地面积最大。不仅如此，通济门从被朱元璋建成开始到南明弘光皇帝从通济门出逃结束，在这些年的时光里，它见证了明王朝的兴衰。

公元1644年4月，李自成率领部队攻陷北京，崇祯皇帝在煤山缢死。之后，福王在明朝大臣的拥立下称帝，都城就选在了南京，史称南明弘光朝廷。一年之后，清军渡过长江攻下镇江，离南京只是一步之遥。当时的弘光皇帝刚刚表示要带领部下拼死守卫南京城，就从通济门逃走了，连他最忠心的大臣都不知道。十五天之后，弘光皇帝被清军捉到，还特地把他从通济门押回南京城，沿途的百姓没有一个不唾骂他的。

通济门遗址

就是这座通济门，见证了一代王朝的兴起和衰落。

聚宝门下真的埋着沈万三的"聚宝盆"吗

聚宝门，现名"中华门"，位于南京市雨花台景区北边，与南边的长干桥以及北边的镇淮桥相连接，是南京老城城南地区的交通咽喉之地。它在公元1369年至公元1375年期间建成，是我国古代用来防御敌人的建筑。截至2012年，聚宝门瓮城是我国现存最大的内瓮城城门，也被称为世界上保存最完好以及结构最为复杂的古城堡式城门。1982年，被国务院列为全国重点文物保护单位。

相传，聚宝门下埋有沈万三的"聚宝盆"，这是真的吗？

根据民间传说，沈万三有一个家传宝，名叫聚宝盆。据说在这个宝物里放一只金元宝就能够取出一盆的金元宝，沈万三就是因为有了聚宝盆才能够富甲天下的。当时，朱元璋已经在南京登基称帝，他为了保证江山的稳固，就下令在南京筑造城池。可是，在修建聚宝门的时候，因为这块地方原先是一个池塘，所以怎么填土都填不满。朱元璋因为这件事情伤透了脑筋，于是就招刘伯温前来商讨对策。刘伯温认为，如果能够找到一个可以生土的宝物就好了，朱元璋听到之后就傻了，心想哪里会有这种宝物呢？突然朱元璋的脑子里灵光一闪，想到沈万三有一个家传之物能够生金，应该能够生土。于是，他就让刘伯温去把聚宝盆借过来。沈万三被逼无奈就答应借给他们一晚，到了第二天早上五更三刻，打更的一敲锣就立刻归还。果然，朱元璋拿到聚宝盆之后，把它往池塘里一放，不到一刻的时间池塘就满了，而且城楼也变得非常坚固。可是聚宝盆因为还在池塘底下拿不出来，朱元璋就询问刘伯温这件事情应该怎么解决。刘伯温献计，让朱元璋下令：从今天起，让打更的不许在五更三刻的时候敲锣，那我们也不算违背诺言了。

中华门

朱棣为何会假扮市民从石城门逃跑

石城门，全国重点文物保护单位，位于南京汉中门广场。作为南京历史最为悠久的城堡之一，石城门带有浓郁的南京气息，是南京丰厚文化沉淀的一个缩影。那您知道朱棣曾经假扮市民从这座城门逃跑吗？

相传，明朝初期，南京城墙修建完工后，开国皇帝朱元璋曾率领百官和四子朱棣登上后宰门，参观城墙。他问道："城墙造得怎么样？"大臣们都是赞不绝口，只有年仅7岁的朱棣答道："城墙造得不好。"朱元璋脸色难看地问道："如何不好？"朱棣回答道："紫金山上架大炮，炮炮打到后宰门"。朱元璋听了之后倒吸了一口冷气，把一个剥了

石城门

皮、抽了筋的橘子递给了朱棣。回到皇宫后,朱棣把这件事情告诉了马皇后,马皇后听了之后大吃一惊说道:"儿啊,你父王对你起了杀意,想要赐你一死,你赶快到燕京避难吧。"就这样在马皇后的安排下,朱棣就假扮市民从石城门逃走了。后来,当时的童言竟然实现了,朱元璋死后,燕王朱棣杀回了南京,第一个破的就是朱元璋苦心经营了多年的城垣。

郑成功曾大败于仪凤门吗

仪凤门,又被称为"兴中门",始建于明朝初年,1958年到1959年期间,仪凤门被拆除,2006年又被南京人民政府重新建造。它的地址在南京老城城北,位于南京狮子山南麓和绣球山之间,是一座西向城门,它的对面就是钟阜门。据说,卢龙山麓有着龙凤呈祥的风水,所以当初朱元璋才会在这个地方建筑这两座相对的城门。由于这个原因,明成祖朱棣把都城从南京迁到北京之后,就封堵了这两座大门。那您知道郑成功曾经在仪凤门打了败仗吗?

清顺治年间,南明抗清将领郑成功由崇明入江,直流而下,抵达南京城下。当时驻守南京的清军将领为了解决困境,一方面向朝廷申请援军,另一方面采用缓兵之计来麻痹郑成功部队。结果,郑成功部队出现了"骄兵"现象,军士竟然

仪凤门

在后湖（今玄武湖）上嬉戏打闹。这个现象被从崇明赶过来增援南京的清军总兵梁化凤发现了，于是他就命令士兵悄悄拆开仪凤门以及神策门的堵塞物，并且亲自率领五百骑兵杀出神策门，首先攻破了白土山的营地。之后，梁化凤把自己的兵力分成了四路，其中一路就负责从仪凤门中杀出，从而把郑成功军队水陆两军的联系切断，并且对郑成功的海军进行袭击。结果，郑成功部队被打败了，损失了大量的海船，而郑成功也只是和少数人一起退回了厦门。

朱棣是由金川门攻入南京城发动的"靖难之变"吗

金川门，位于南京老城城北，是明代修建的十三座内城城门之一。它是一座南北向城门，南边是南京老城城内，东边是神策门，西边是钟阜门。因金川河是从这里出城的，所以这座门被命名为金川门。

明朝时期，金川门外曾经有一座金川桥，它的附近设有水关，如今金川门早已经被拆除，只作为地名保存下来。而金川桥从建成到现在经过了几次重修，现在依然存在。2004年南京人民政府在金川门遗址立一块石碑以表示对金川门的纪念。

您知道金川门与"靖难之变"的关系吗？公元1398年，明朝开国皇帝朱元璋驾崩，他的孙子朱允炆继位，年号建文，即建文帝。建文帝在登基之后，为了巩固中央集权，实行削藩政策。在这个期间一共削除了五个亲王的爵位，而这件事情引起了驻守在北平的燕王朱棣的反对。公元1399年，朱棣以"讨伐奸臣"为名起兵，从北平攻向南京。公元1402年，朱棣亲自率兵从瓜州渡江，从金川门攻进南京城，到这个时候，局面已经非常明朗了，建文帝退位并且下落不明。之后，朱棣称帝，改年号永乐。

"金川门之变"即"靖难之变",宣告了建文朝的终结,开启了崭新的永乐时期的篇章。

金川门曾被"驸马"守护64年吗

据说,金川门曾经被一位驸马守护了64年。

公元1402年,朱棣经过"靖难之变"登基之后,对金川门很是看重,他命人把城墙加固,并且派重兵把守,更是把金川门千户守的职位交给自己的妹夫赵辉驸马担任。

赵辉的父亲赵和,在征战安南的时候阵亡,所以赵辉就承成了他父亲的职位。赵辉又因为长相不俗,并且身怀武艺,所以在公元1413年被招为驸马,他的府邸就在后宰门的北边。赵驸马被任命为金川门"千户守"之后,曾经向朝廷申请封爵,但是当时的明英宗正在为拥立自己复辟皇位的有功之臣绞尽脑汁,所以就没有批准赵辉申爵的事情。赵驸马虽然并没有得到爵位,但对于看守金川门还是尽心尽责,一看就是64年。公元1476年,赵辉无疾而终,享年90岁。

神策门是一道古代的"防盗门"

神策门,位于玄武湖北,是明初建造的十三座内城城门之一,现在已经被更名为和平门。在南京流传着一则顺口溜:"内十三,外十八,一个门栓朝外插。"其中"一个门栓朝外插"指的就是神策门,它把神策门特殊的建筑形式形象地概括了。神策门在"内十三"中规模比较小,城门在里面,而瓮城在外面,瓮城门跟别的城门不同,并不是正对着城门,而是在瓮城的东北角开着,所以明朝的神策门又被人们称为"外瓮城城门"。如今人们把神策门称为古代的"防盗门",您知道这是为什么吗?

据说,明朝时期神策门的城门是由两扇杉木包铁板制成的大门(现在的城门是清朝建造的)。在距离城门后两三米的地方有一道石槽,这个石槽大约宽15厘米,是用来放千斤闸的地方,现在这个石槽还保留在那里。当时白天,千斤闸就会收到城墙的顶端,到了晚上就会被放下。启动它的时候最少需要四个人共同操作才可以完成。明代对于城

和平门

门的管理是十分严格的,有一种名为"点闸"的制度,意思就是到了晚上要落闸的时候,有关部门会派人到各个城门收回闸门的钥匙,到了第二天早上再把钥匙送回。如果守城的守卫违反了这项规定就是死罪。也正是因为这种制度,南京城的安全才得以保障。

因为千斤闸对于古代城墙所发挥的作用,就好比现在家庭中的防盗门,所以现在的人们就把神策门称为古代的"防盗门"。

挹江门的门拱为何会改为三拱

挹江门,位于南京市中山北路,下关黄土山和八字山之间,是市区连接下关码头的重要通道。在挹江门的城门上有九间双檐翘角的敌楼,是南京保存比较好的城楼之一.

它建造于1921年,当时被称为海陵门,是一座一孔城门,到了1929年,国民政府为了迎接孙中山先生的灵柩进入南京,就把挹江门的门拱改成了三拱,名称也改为了挹江门。现在的挹江门中间的一拱是二车

道，两侧是人行道。

在抗日战争时期日军曾经在挹江门附近进行过惨无人道的屠杀，后来红十字会把遇难者的尸骨埋葬在这里，现在挹江门下的绣球公园就有一座纪念处。到了1949年4月23日，中国人民解放军就是从这道门进入南京的，1984年，有关部门在这座门楼上建立了"渡江胜利纪念馆"，并且由邓小平同志亲写馆名。

挹江门

如今在挹江门的两侧仍然保存着明城墙，其中大多都经过重修，还有一侧已经不通，而另一侧可以通往仪凤门以及阅江楼。现在的城墙已经成为老年人健身的地方。在城墙上还种植着雪松，城墙砖上大多还有着当初的印记。

安德门为何会有"大""小"之分

安德门，属于明代时期"外十八"城门之一，如今城门楼已经被毁，遗址在南京市雨花台区雨花西路，但是仍然保留着地名。而且还有以安德门命名的机构，如安德门地铁站、安德门劳务市场等。在明朝，安德门是有"大""小"之分的，您知道这是为什么吗？

明朝初期，朱元璋开始修建外城城门。在建造的过程中本来只有一个安德门，但是在内外城郭之间有一个玻璃窑，这里是专门为皇家烧制御用建材物品的，为了能够更方便地运送烧制的原材料，朱元璋下令在距离玻璃窑最近的外城郭上开了一个城门，这个城门被命名为"小安德门"，而原先的安德门就被称为了"大安德门"。在明太祖朱元璋时期修纂的《洪武京城图志》上标注的安德门就已经有了大、小之分了。这就是安德门有"大""小"之分的原因。

麒麟门的得名与麒麟有关系吗

麒麟门，位于南京市江宁区麒麟街道，是明朝初期建造的十八座外城门之一。它的得名据说是因为葬在这里的南朝宋开国皇帝刘裕的墓道前的两只石麒麟。当时明朝在这里建造外城城门，就把这座城门命名为麒麟门了。

麒麟门处于丘陵地带，位于它东面的阳山在六朝时期就是非常有名的古采石场，并且在明朝时期就有阳山碑材等古迹。于梁代建造的本业寺就坐落在麒麟镇的宁杭公路旁边。麒麟镇南面的金陵驿保留着文天祥留下的诗碑。在麒麟门外的白龙山上有辛亥革命著名将领徐绍桢的墓地。

麒麟门一带曾经被定为麒麟市，到了2010年被列为麒麟街道，并成立麒麟社区，目前正在努力建设国家级生态园区。而且，这里的窦村石雕艺术已闻名于海内外，村里的工匠还参加了国家级工程建设，如北京人民大会堂、南京朝天宫等。

姚坊门与老南京人说的尧化门是同一座门吗

姚坊门，明朝南京外城十八门之一，位于尧化街道。在南京，人们对于外郭十八城中的姚坊门并不是很熟悉，而对于南京的另一个地名"尧化门"却比较熟悉，据老南京人说，尧化门原本就是一座城门，那么姚坊门与老南京人所说的尧化门是同一座门吗？

根据专家考证表明，尧化门其实就是姚坊门。明朝时，朱元璋因为这附近有一座姚坊山，就下令在这里建造了一座外郭城门。到了清末的时候，有一群英国人来到这里修建京沪铁路，因为姚坊门妨碍了他们的工作，就把它拆掉了。而且因为口音的问题，他们把"姚坊门"发成了"尧化门"的音，这种叫法便一直被当地人所用，所以现在大多数人知道的都是尧化门，而不是姚坊门了。

根据史料记载，当时英国人在修建铁路的时候，为了使道路不被隔断，曾经在铁路上架起一座桥，当地人把它称为"洋桥"。专家们根据这个资料，找到了"洋桥"的位置，从而确认了尧化门的位置，而这个位置跟姚坊门的位置是相对应的。在洋桥的周边还发现了一些散落的明朝城砖，就更能够确定这一点了。

中山门与孙中山有何关系

中山门，原名为朝阳门，位于南京城最东边，因最先迎接太阳而得名。如今的中山门是在原朝阳门的旧址上改建而来的。中山门如今仍保留着明代的城墙，城外还有一段护城河，气势宏伟。

公元1336年，明太祖朱元璋将南京城向东北方扩大时修建此门。当时，城门为单孔券门（一个圆拱形门），门外还有一道瓮城（与城墙连为一体的附属建筑，与主城门形成双重防御）。曾国藩的湘军与太平天国起义军曾在此大战。辛亥革命时，江浙联军也是通过这里攻进南京城的。

中山门

1928年，国民政府将七座城门改名，并进行修整，其中朝阳门被改为中山门，一直沿用至今。1930年，国民政府为了孙中山奉安大典（葬礼）而修建迎陵大道，中山门被拆除，在原址以北新建了三孔券门，通往中山陵，名为中山门。中山门由此成为贯穿南京城与东郊的重要通道。

1996年，中山城门下方两侧开通了双线行车隧道，全长1600米。原城门则改为沪宁高速公路的进城入口。

由于多次修建与隧道施工的影响，中山门墙体出现了塌陷、渗水现象。2003年，南京市政府再次对中山门进行整修，清除了墙体内约三千立方米的填土，又用钢筋混凝土对城墙进行支撑，并将已经严重倾斜的城墙拆除重砌，最终将中山门修复完好。

您知道南京现存哪几座明代城门吗

城门，是连接城内与城外的通道，也是一座城市的景观。在古代，城门则是战争中攻防的焦点。朱元璋在修建南京城门时，多次对城门进行修整，以增强其防御性、观赏性。

明城墙始建于洪武年间，有城门十三座，至今已有六百多年的历史。清朝吴敬梓在写《儒林外史》时，将南京十三座城门按照逆时针方向编了一个顺口溜："三山聚宝临通济，正阳朝阳定太平，神策金川近钟阜，仪凤定淮清石城。"如今，明城墙已经被列入世界物质文化遗产预备名录。然而令人遗憾的是，明朝原十三座城门，如今被拆得只剩下了聚宝门（中华门）、石城门（汉西门）、神策门（和平门）及清凉门。

明城墙具有历史价值，为何多处惨遭拆除呢？

1937年，日本侵华，南京城遭到了炮轰，明城墙因此受到了极大的毁坏。1949年之后，南京市人民政府十分重视明长城的修复与保护，然而由于财力限制，明城墙依旧隐患重重。

1954年夏秋，南京经历了长达两个多月的暴雨，城内大范围积水，多段城墙长时间浸泡在水中，最终导致一处城墙崩塌。据资料记载，这次事故共导致居民死伤31人，其中3人死亡。据调查研究发现，当年的那处倒塌发生在中华门的西干长巷。如今，那里还散落着凹凸不平的青条石与城墙砖。据附近老人回忆："那年七月份，天气十分热，我突然听到外面一声轰隆隆的巨响，跑出去一看，城墙上出现了一个非常大的缺口，当时有许多人家遭殃了，因为城墙是往秦淮河一侧倒的，那一边的墙根下住着许多做生意的人！"

灾难发生之后，南京市政府决定，明城墙"除了有历史文物价值、有助于防空、防洪以及点缀风景的部分应予保留外，其余一律拆除"。随后，南京出现了一阵"拆城潮"，当时还流传过"有多少力量拆多少砖"的口号。在此期间，三山门（水西门）、通济门、正阳门、太平门、金川门、钟阜门、仪凤门（兴中门）、定淮门都被拆除，甚为可惜。

南京的街桥地名

想要快速地了解一个城市,最有效的方法就是去查一下它的街桥地名。因为一个城市的地名基本上都是有来历的,它们承载了一个城市的历史文化与风俗民情。街桥地名的含义与沿革与一个城市的发展变化是分不开的。尤其是有影响的历史地名,它用简明的文字,为人们提供了一个地方的自然状况、社会历史、经济文化以及交通信息等。

有趣的街桥

您听说过"篦街"这条街吗

糖坊廊（篦街），位于南京市城南中华门内镇淮桥西北。它的名称起源于明朝洪武年间，当时朱元璋当上皇帝之后，南京的经济得到了很大的发展，非常繁华。为了满足人们的需要，在一些行业比较集中的街道两侧都建起了管廊，这些管廊有的是朝廷兴建的，有的是富商捐献的，铺路所用的材料都是一色的青石板，显得非常整洁。由于这个原因，南京就出现了很多带"廊"字的地名，而糖坊廊就是其中一个。

糖坊廊又被称为"篦街"。据说，在明朝时期，这里曾经叫"灭街"，后来取了它的谐音，那么为什么会这么叫它呢？有三种说法：第一种，明朝时期这条街上有一户人家把一个大脚妇人的彩灯扎破了，这被朝廷认为是在嘲笑皇后马娘娘的大脚，于是就派出锦衣卫杀死了这条街的人，因此这条街被叫做"灭街"。第二种，元朝灭亡时，在这条街上居住的元朝官员福寿以及他的部下不愿意投降，连带着家人全部自杀，整条街人

糖坊廊

口灭绝，故叫做"灭街"。第三种，元朝的三山王曾经在这里率兵与朱元璋对战，最后全军覆没，所以被命名为"灭街"。

清朝末年，人们在这里开糖坊，觉得"篾街""灭街"这个名字都不吉利，于是就把它改成了"糖坊廊"。

"柿子树街"与柿子有关吗

柿子树街，南京市的一个地名，位于南京市雨花台区。它名字的来历跟柿子树并没有关系，那么，您知道它是怎么被命名的吗？

相传，在抗日战争时期，这个村子非常小，而且没有名字。有一天，日本人带来了一只"洋雄鸡"来到这里进行斗鸡，当时村子里有一只雄鸡非常厉害，于是人们就把这只鸡与日本人带来的"洋鸡"进行比试，经过激烈的斗争之后，村里的雄鸡把日本人带来的"洋鸡"斗死了。日本人气得把死去的"洋鸡"远远地扔了出去，结果正好挂在了一棵树上，于是人们就把这棵树称为"死鸡树"，慢慢地就发展成了这个村子的名字。当时的人们也把这个村子称为"斗鸡里"或者"斗鸡坡"。到了后来，人们觉得这个名字不是很文雅，就取了它的谐音，把它称为"柿子树"了。

"蓝旗街"和"红旗街"是一条街吗

一听到"蓝旗街"和"红旗街"，一般人都会认为这是两条不同的街，但其实并不是这样，这是一条街在不同时期的两种叫法。它位于南京市白下区御道街东侧。

公元1644年，清朝正式入主中原，朝廷把北方的满族人全部移到了南京，大约是在大光路一带。在清朝，满族的军队都是按照旗做编制的，一共分为八旗，分别是正黄旗、正白旗、正红旗、正蓝旗、镶黄旗、镶白旗、镶红旗以及镶蓝旗。而蓝旗街就是因为正蓝旗的衙门在这条街上而得名的，从这个时候开始，这条街就一直叫"蓝旗街"，直到"文革"开始。"文革"时期，蓝旗街被更名为"红旗街"。到了1982年，"红旗街"又被改回"蓝旗街"。现在的"蓝旗街"已经被建成了居民区，有住宅楼57栋，居民2000多户，生活非常美好。

为何会有"三步两桥"这样一个奇怪的名字

三步两桥，南京市道路名称，位于鼓楼区西北，属宁海路街道管辖。它是一条东西走向的路，整段路共长437米。人们来到这里的时候，可以看到一个宽大约4米的巷子，沥青马路。它的东边与中山北路相接，西边可以到达水佐岗。

每当外地人来到这里的时候，总会问为什么会起这么一个奇怪的名字。据老南京人讲，因为南京是

三步两桥路

一个江南水乡，所以桥是很常见的，而当时这里就有两座小桥，它们架在同一条河上，因为离得特别近，只有三步的距离，所以这条路就这么被命名了。

对于三步两桥还有另外一种说法。据说，三步两桥以前叫做"两铺三桥"，因为这里曾经非常偏僻，人流量非常少，所以店铺非常匮乏，这里的人们需要走很远的路才可以买到东西，在这个过程中可以看见三座桥。因此，这里被取名为"两铺三桥"。

现在这条街沿用的是"三步两桥"这个名字，但不论是"三步两桥"还是"两铺三桥"，都能够让人们感受到浓郁的老南京气息。

逸仙桥是为了孙中山而修建的吗

孙中山，原名孙文，又名逸仙，字载之，出生于广东香山县（今中山市）。他是中国近代民主主义的开拓者，中华民国以及中国国民党的缔造者，三民主义的倡导者。

逸仙桥

1905年，孙中山成立中国同盟会。辛亥革命结束后被推选为中华民国临时大总统。1925年因病在北京逝世。1929年，根据孙中山先生的遗愿，政府把陵墓迁到了中华民国首都所在地——南京的紫金山中山陵中。

而逸仙桥就是为了迎接孙中山先生而修建的。当时，南京的交通系统并不是很完善，所以就在南京修了一条迎柩大道，也就是中山大道。当时中山大道上原本有一座石桥，但非常破旧，国民党就下令把这座桥重建，建好之后根据孙中山先生的号把这座桥命名为了"逸仙桥"。

逸仙桥自建好直到现在，桥面经过了很多次翻修，但是象征着孙中山先生的栏杆却始终没有变过。现在，逸仙桥已经成了南京的标志！

三元巷与抗倭名将尹凤有何关系

三元巷，位于南京市中山南路北段。相传，这里原来是明朝时期抗倭名将尹凤的故居。当时，尹凤在参加乡试、会试以及殿试的过程中，连续获得了三个第一，也就是"连中三元"，所以这条小巷也就被命名为了三元巷。明代"连中三元"的人共有四人，而尹凤就是其中之一。据三元巷的老人所说，以前很多娶亲的花轿都会经过三元巷，希望可以借着"连中三元"的寓意，让子孙后代出人头地。

尹凤，字德辉，小时候父亲去世，家境非常贫苦。当年，倭寇在东南沿海地区兴风作浪，老百姓受到很大的伤害，可惜的是官兵无能，不能为老百姓解决问题。尹凤看到这种情况之后非常着急，于是就立志要扫平倭寇，用这种方式来报效国家。在他刻苦读书的同时，也学习骑马射箭以及战略战术，所以他的文才武略都得到了极大的进步。到了嘉靖年间，他参加武举考试，在乡试、会试以及殿试中都获得了第一名，即"连中三元"。之后，他被朝廷封为参将，跟随抗倭将领俞大猷在东南沿海一带抗击倭寇，建立了伟大的功勋。到了万历年间，尹凤被封为都督金事。直到现在，尹凤的事迹仍然在南京流传，被视为南京的骄傲。

老南京人为何用"小心"给一座桥命名呢

在南京，有很多奇葩的街桥地名，长乐路上就曾经有一座桥，被人们叫做"小心桥"，到了现在还保留有一个"小心桥东街"的地名。那么，您知道老南京人为什么用"小心"给这座桥命名吗？

小心桥东街简介

在小心桥东街的路边墙壁上记录着一个民间传说，据说在西晋年间，附近一带有一个地痞流氓叫周处。他是这里的霸王，经常惹事，后来周处浪子回头，决定改过自新，重新树立自己在人们心目中的形象。当时，门东一带并不全是居民区，还有很多菜地、树林以及荒野，那里经常有一条大蟒蛇出没，常常吃人。周处知道这件事情之后，决心为民除害，于是他就拿着武器找到巨蟒，与巨蟒进行搏斗，在打斗的过程中，一不小心，他的头被巨蟒吞入。周处就直呼自己太莽撞，应该小心。后来，人们为了感念他，就把周处与巨蟒搏斗处附近的一座桥命名为了"小心桥"。

"三七八巷"这么一个有趣的名字是因何而来的

南京的地名有很多种类，有的以数字命名，有的以动物名称命名，甚至有的以花的名称命名，在这些地名的背后总会有一段有趣的故事，而"三七八巷"就是其中的一个，那这个名字是怎么得来的呢？

三七八巷，位于南京市秦淮区，是一条南北走向的街道，北起长乐路，南至饮虹园。据说在清朝时期，这条巷子下面被官府埋了一道砖砌的大型排水沟，由此被人们命名为"官沟"。时间久了，就被讹传为"干沟"，曾经还被称为"千佛庵"。到了1954年，派出所在编制长乐路门牌的时候，在这条巷巷口的一家正好是长乐路378号，于是就把巷子里的各家编制为378-1、378-2等。之后，这里的各家为了日后通讯方便，经过研究，就把这条巷子命名为了"三七八巷"。就这样，这个名字一直沿用到了现在。

现在的三七八巷已经成为了一条美食街，在道路的两侧都是卖各种饮食小吃的，来到南京旅游的人们都愿意来到这里品尝美食。

胭脂井的命名与陈后主有关吗

胭脂井，又被称为"辱井"，位于南京市鸡鸣寺东北山麓，邻近玄武湖。根据史料记载，胭脂井位于台城内，而台城是六朝的宫城，大致位置在现在的北京东路南到珠江路北的范围内。隋唐以后，台城遭到几次破坏，景阳宫殿被毁，景阳井也被湮没。后来，人们为了吸取陈后主亡国的教训，就在现在的鸡鸣寺旁立井，并在井上刻辱井铭，并且立了一块碑在井的前面，上面写到："古胭脂井"。那么，您知道为什么景阳井被更名为胭脂井吗？这和陈后主有没有关系呢？

相传陈后主，穷奢淫秽，他最喜欢的两个妃子，分别是张贵妃和孔贵妃。他们每天寻欢作乐，通宵达旦，把国家大事都放到一边。直到公元589年，杨坚，即隋文帝，率领部下讨伐他，陈后主的守城将士前来告急求救，但是他却自认为有长江天险可守而不加理会，仍然和他的两位贵妃沉迷于酒色之中。直到隋朝大将韩擒虎渡过采石矶，进入台城之后，陈后主才认识到事情的严重性，可是连逃跑都来不及了。于是，陈后主一手拉着张贵妃，一手搀着孔贵妃，藏到了景阳殿边的景阳井中。隋朝兵士搜遍宫城都没有找到陈后主，最后在这口井的栏上发现了胭脂的痕迹，就料定陈后主肯定藏到了井中。于是叫士兵们就对着井口喊道："里面的人快点出来，如果不出来的话就往里边扔石头了。"这个时候井中传出了声音："不要扔，我们马上出去。"就这样，隋兵把他们从井里吊了上来。而陈后主的两位妃嫔早被吓得涕泪俱下，把脸上的胭脂都弄花了，粘到了井栏上，擦都擦不掉。就这样，石栏上留下了胭脂的痕迹。陈后主是因为沉迷于美色而亡国的，为了避免这种情况的再次发生，隋将就把张、孔二妃杀掉了，这口井也被称作胭脂井。

古胭脂井

据说，如果用绸缎在井栏上抹，还可以抹出来红印，就好像是一道殷虹的胭脂痕。到了宋朝时期，进士曾巩希望用陈后主的事情来告诫后人，就在石井栏上刻了一段铭文："辱井在斯，可不戒乎。"这也是胭脂井又被称为"辱井"的原因。

郑和下西洋时为何要到天妃宫来拜祭

郑和，出生于明朝洪武年间，原名马和，云南昆明人，中国著名的航海家、外交家。在靖难之变期间，马和为燕王朱棣立下战功，朱棣称帝之后，在南京御书房赐予马和"郑"姓，用来表彰他的战功，所以历史上称他为"郑和"。从公元1405年开始，郑和七次下西洋，在人类历史上

天妃宫

写下了浓重的一笔。在郑和第一次下西洋安全回国之后，为了感谢妈祖等诸神保佑郑和能够平安归来，朱棣兴建了天妃宫，并且亲自撰写了一篇碑文立在了天妃宫中。之后，郑和每次下西洋之前都会到天妃宫拜祭妈祖。

天妃宫，位于南京市鼓楼区下关片区狮子山麓，建宁路旁。宫中祭祀的是天妃，即妈祖，是我国神话中的海洋保护神。从清朝咸丰年间到中国近代，天妃宫在太平天国运动以及抗日战争期间遭受过几次破坏。到了2004年，南京下关片区相关部门为了纪念郑和下西洋六百周年，花费巨资把天妃宫重新翻修并且对外开放。现在的天妃宫，占地面积达1.7万平方米，建筑风格以明代宫式为主，由东、西两个建筑院落组成，其中包括天妃宫大殿、观音殿、玉皇阁以及两侧配殿等。

朱元璋当年也在锦绣坊住过吗

锦绣坊，位于南京市秦淮区内桥南中华路，西起府西街，东至慧园街，附近有旧王府、水游城、净觉寺等景点。根据史料记载："南唐御街在天津桥南，直对镇淮桥，台省相列，夹以涂渠。东、西有锦绣坊。"南唐御街指的就是现在的中华路，而天津桥就是现在的内桥，所以说锦绣坊原先是分为东锦绣坊和西锦绣坊的。据说是因为在南唐宫城前有两座牌坊，它们雕花扎锦，看起来非常雄伟壮观，所以才被命名为"锦绣坊"。

据说，朱元璋当年就在锦绣坊居住过。当年农民大起义，朱元璋率领部下攻下南京城，就把自己的王府设在了东锦绣坊。到了明故宫建成之后，朱元璋才从这里搬出去，之后这里就被称为"旧内"。而西锦绣坊在当时为应天府衙门，现在的府西街12号就是它的旧址。当时的锦绣街上还有一座城隍庙，现在还保存着几座大殿，它是南京市区内现在仅存的一座城隍庙，保护价值非常高。

箍桶巷是因为沈万三家的技师而得名的吗

箍桶巷，位于南京市秦淮区长乐路中段以南。据说在明朝时期，这条巷子里居住着江南首富沈万三家的箍桶匠，随着时间的流逝，人们也就把这条巷子命名为"箍桶巷"。

沈万三，原名沈富，元朝时期就随他的父亲迁到了周庄。刚开始他以躬耕为业，后来他发现周庄北端的东江与京杭大运河相连接，是一个理想的天然水上通道。于是，他就依托周庄的地理优势，开展海上贸易活动。几年后，他成为了江南首富。而周庄也因为沈万三的原因，变成了丝绸、粮食以及手工业制品的集散地和交易中心，商业非常繁荣。相传，沈万三家中箍桶匠的手艺非常精湛，来到他所居住的地方拜师的人非常多。后来，从

箍桶巷南侧一带

他的手中教出了很多出色的徒弟，而居住在这里的箍桶匠也越来越多。再后来，到这里找箍桶匠干活的人也多了起来。就这样，这里渐渐就被人们叫做"箍桶巷"了。

现在的箍桶巷已经没有了箍桶匠的身影。在马路的两侧最为热闹的地方就是百货超市以及快餐店。当人们站在这条刚修完没几年的马路上，看着街上的人群时，已经想象不到当年箍桶巷的景象了。

乌衣巷中曾经住过哪些名人

唐代著名诗人刘禹锡写过一首脍炙人口的诗："朱雀桥边野草花，乌衣巷口夕阳斜，旧时王谢堂前燕，飞入寻常百姓家。"这首诗就是对乌衣巷的感叹，描绘了乌衣巷从六朝到中唐时期由盛名到衰落的沧桑变化，那么，您知道在这个过程中，乌衣巷曾经居住过哪些名人吗？

首先是王导。西晋末年，八王之乱爆发，西晋王朝的统治结束。当时的王导在司马睿手下任安东司马，他认为在这天下大乱的时候，只有司马睿可以振兴晋室，所以便为司马睿出谋划策，倾心相助。他首先建议司马睿把都城迁移到建康（东吴的建业，今南京），这样东晋就有了立国之本。然后他通过团结北方以及江南士族的力量，成功帮助司马睿建立起东晋政权。之后，他先后担任晋朝元、明、成三代皇帝的宰辅。

任职期间，他实行"镇之以静，群情自安"的政策，使东晋的局面保持安定。王导作为东晋的功勋大臣，非常风光，据说，当初司马睿登基称帝的时候竟然把王导拉到自己的身边一起接受百官的朝拜，在民间也一直流传着"王与马，共天下"的说法，足见王导当时的权势之大。而王导的府邸就坐落在乌衣巷。

其次是谢安。他在中国历史上有着举足轻重的地位，是一位传奇性人物。他早年隐居东山，把自己比喻为诸葛亮，到了四十岁的时候才出山担任丞相，"东山再起"这个成语就是由此而来的。刚刚上任他就阻止了桓温的篡位之举，之后更是指挥了中国历史上的一场著名战役，即淝水之战，他以8万军队打败了前秦苻坚率领的100万大军，就是这场战

乌衣巷

役奠定了南朝长达三百年的安定局面。根据《晋书·谢安传》记载，淝水之战的捷报传过来的时候，谢安正在与别人下棋，他看完捷报之后，脸上没有表情，继续下子。和他下棋的人忍不住问他，他只是淡淡地说："小儿辈遂已破贼。"可以看出他是多么镇静。就是这位挽救东晋江山于危难之际的人物，他的府邸便在乌衣巷。

王导和谢安就是刘禹锡诗中所说的"王谢"，也是居住在乌衣巷中的历史人物。可以想象得到，当时的乌衣巷聚集了两位在朝廷中举足轻重的人物的府邸，应该是怎样一幅繁华的场景。而现在的乌衣巷，重建了具有民族风格的王谢古居，分为来燕堂、听筝堂和鉴晋楼。在这里，人们可以感受王谢二人的故事以及魏晋人物的风采。

乌衣巷的得名与孙权有关吗

乌衣巷，位于南京市秦淮区夫子庙南，它历史悠久，是中国古老而著名的巷子。那么，您知道乌衣巷是如何得名的吗？

根据史料记载，乌衣巷得名于三国时期。当时，赤壁之战，孙权和刘备结盟把曹军打败，从此之后，天下三分。公元220年到公元229年，曹丕、刘备、孙权先后称帝。之后，孙权把都城迁到秣陵（今南京），并把秣陵更名为建业，寓意"建功立业"。孙权成为了历史上第一个在南京定都的皇帝。当时，孙权把都城定在南京之后，他的士兵们就在乌衣巷驻扎，因为兵士们所穿的兵甲都是黑色的，所以这里就被称为了"乌衣营"，到了后来就被改成了"乌衣巷"。

关于乌衣巷的由来，除了孙权之外，还有一种说法。据说，南京曾经有一个叫做王榭的人，他以航海为生。有一次在航海的过程中，海船失事，而他侥幸存活下来，并且误入乌衣国，在那里娶妻生子。后来，王榭因为思念家乡，返回南京，他为了怀念在乌衣国的日子，就把自己所住的巷子命名为"乌衣巷"。

骂驾桥中的"骂驾"说的是朱元璋吗

骂驾桥，位于南京市秦淮区。当人们听到"骂驾桥"这三个字的时候，一般就会想象到这个名字的背后也许会有一段有意思的故事。那么骂驾桥中的"骂驾"指的是骂朱元璋吗？又是谁这么大胆，敢骂皇上呢？

据说，朱元璋还没有称帝的时候，曾经与陈友谅在鄱阳湖上交战。当时，陈友谅率领60万军队，朱元璋部队在兵力上处于弱势，战况非常不妙。在混战的过程中，朱元璋所在的战船被陈友谅部下围困。在这个

紧要的关头，朱元璋手下一个长相跟他特别相似名为韩成的部将挺身而出。他穿上了朱元璋脱下的衣服，打扮成朱元璋的样子。眼看陈友谅军队越来越近，朱元璋感动地问韩成有什么遗言要交代。韩成说道："臣一生为国，怎么能够想着家事呢。"说完，就向着敌军喊道："如果你们放了我的部将，我就投河自尽。"这一个障眼法让陈军以为朱元璋愿意自尽，于是就答应了韩成的这个请求。韩成刚一投河，陈军为了邀功就抢着下河打捞尸体。朱元璋趁着这个机会逃了出去，之后再次组织反击，成功地打败了陈友谅，取得了最后的胜利。

后来，朱元璋称帝，在分封功臣的时候，却把对自己有救命之恩的韩成忘记了。而韩成的老母亲因为无依无靠，只能在街边靠乞讨来维持生活。当韩母想到自己的儿子为了朱元璋而惨死，但朱元璋却如此忘恩负义时，她的内心就非常伤痛和悲愤。

有一天，韩母在长江路的一座桥上，正好碰到了朱元璋的銮驾，她实在控制不住内心的愤怒，就站在桥头上对着朱元璋的銮驾痛骂，怒斥朱元璋忘记了韩成的救驾之功。朱元璋听完之后，并没有生气，而是怀念起韩成的忠贞及英勇，于是他走下轿向韩母赔罪。之后，他为了纪念韩成，就把韩成追封为高阳候，并且建造高阳候府。朱元璋为了表达对韩成的愧疚，把韩母接到宫内热情款待，直到高阳候府建造完成之后才把她送回去。之后，人们为了纪念韩成，就把高阳候府所在的巷子命名为"韩家巷"，而韩母痛骂朱元璋的那座桥就被称为了"骂驾桥"。

南京长江大桥为什么会被周总理称为"新中国两大奇迹"之一

南京长江大桥，位于南京市鼓楼区下关和浦口区之间，是我国自行设计和建造的第一座横跨长江的桥梁，是一座双层式铁路、公路两用桥梁，它对于我国的桥梁史有着巨大的意义。从1960年1月18日开始动工，到1968年9月铁路桥正式完工并且通车，同年12月公路桥通车。它是南京的著名景点之一，大桥两边排列了大量的白玉兰花灯，夜景被命名为"天堑飞虹"，被列为"金陵四十八景"之一。

1960年，南京长江大桥以"世界最长的公铁两用桥"被列入《吉尼斯世界纪录大全》。20世纪70年代，周恩来也曾自豪地向国际友人介绍说："新中国有两大奇迹，一个是南京长江大桥，一个是林县红旗渠。"

南京长江大桥

河定桥为何又叫"和事桥"

南京城中华门外，江宁区的"河定桥"在古时名为"和事桥"，由住在秦淮河附近的两兄弟齐心建造。

这两兄弟，哥哥名叫秦文，十分小气；弟弟叫秦武，为人仗义。一年，江宁大旱，多数农户的稻田都没有水，而秦家兄弟的稻田地势低又靠近河边，所以不怕旱，稻子长势很好。

村里人引水救苗，必须要经过秦家池塘。秦武一口答应，可是秦文怕池塘中的水干了坏了风水，坚决不同意。村里的人都眼巴巴等着开塘放水，看见秦武出来，本以为两人已经同意，于是就动手挖了起来。

秦文看见大家都在挖塘，气得与弟弟打了起来。这事越闹越大，最后两兄弟准备到南京城打官司。两兄弟渡过了秦淮河。上岸后，弟弟秦武发现一条火赤链（毒蛇）盘在那里，急忙搬起岸边的石头去砸。当时，秦文也看到了，他以为是大甲鱼，伸手就要去逮，被弟弟喊住。秦文以为弟弟要与他抢，于是动作更快。这时，弟弟猛然冲上去推开哥哥，用大石块砸死了火赤链。哥哥仔细查看过后发现的确是条火赤链。

秦文被弟弟所感动，便决定不去打官司了。当晚，兄弟俩一起挖塘放水，还将打官司用的钱省下来在秦淮河上建了座桥。于是，秦淮河上就多了一座石拱桥。因为是秦家两兄弟和好后建的，所以叫"和事桥"。后来，随着时代的发展，名字就变成了现在的"河定桥"。

为什么说老门东留住了南京老城南的味道

"心之最，城之南；最城南，是门东"。老门东是南京老城南地区的古地名，位于南京市秦淮区中华门以东，因地处聚宝门（今中华门）以东，故称"门东"，与老门西相对。老城南素有"南京之根"之称，是南京历史文化遗存的主体，而老门东堪称老城南的核心。老门东北起长乐路、南抵明城墙、东至江宁路，总占地面积约70万平方米，历史上一直是夫子庙的核心功能区域之一。

老门东早在三国时期，此处就有民居聚落出现。到了明朝，中华门与秦淮河沿线成为城市

老门东历史文化街

的经济中心，这里成为重要的商贸和手工业集散地，呈现一派繁华的景象。清末以后，门东、门西等老城南地区逐渐成为以居住功能为主的区域，集中体现了南京老城南传统民居的风貌。老门东自古就是江南商贾云集、人文荟萃、世家大族居住之地，富可敌国的沈万三、拥有九十九

间半的蒋百万、中国唯一的女状元傅善祥、汇聚英才的上江考棚、提调公馆……耳熟能详的许多历史人物都在这里居住过，演绎过跌宕起伏的历史，留下的不仅是南京人口中的故事，更是活色生香的城南区市井图，咀嚼不尽的"南京味儿"。老门东是南京人记忆中抹之不去的文化符号。

老门东，从某种意义上讲是"复制品"，但又不全是"假古董"。矗立600余年的明城墙货真价实，既修缮了沈万三故居、蒋寿山故居、傅善祥故居等重要历史文化点，又复建了骏惠书屋、问渠茶馆等代表秦淮市井文化特色的古建筑，还在三条营、边营等街巷修复、修建了一批极具特色的古民居院落群，同时恢复了原有的青石板、青砖路，历史味道愈加浓郁。由箍桶巷向南而行，箍桶老汉、寄信小女孩、下象棋等反映南京老城南居民生活的系列铜铸雕塑小品尽入眼帘，这一切都又给人以历史的真实感，唤醒了人们对城南的记忆和回味，一派浓浓"老南京味道"。

老南京人记忆中的老南京味儿，是老城南一幅独特的民俗风情画：民居聚集，鳞次栉比，参差数万人家。南唐的街巷轮廓，宋代的古井，明清的建筑和石板路，历史的遗迹在这里混合并存。老城南还呈现着自然生长的状态，巷陌纵横，蜿蜒幽深，七拐八弯，好似迷宫。民居多以江南多进穿堂式，以"青砖小瓦马头墙、回廊挂落花格窗"为特色。还有弥漫其间的传统风貌、生活方式、民俗风情。眼前的老门东街区，之所以能够唤醒南京人对南京老城南的记忆和回味，最重要的一点是尽可能地保留、再现了历史积淀而形成的市井格局与生态，让人置身于此触景生情，有了回归寻根的感觉。

老门东里的蒋有记、韩复兴、小郑酥烧饼、鸡鸣汤包……这些老字号的饮食店，以及各种摊头小吃，把老南京的味儿留在了人们的舌尖上。那些遍布街头巷尾的小食，都因饱含记忆而变得更有味道，漫步在老门东的街巷中，时不时就会有一些雕塑闯入你的眼帘，那些惟妙惟肖的姿态，那些妙趣横生的场景，不只是让你惊叹不已，流连忘返，还让原本就在穿越的你，更觉得恍惚悠远。

老门东留住了老南京的记忆。一个个老南京城南历史印记像凝固的时光，让岁月变得沉静。那无处不在的生活痕迹，让老门东还固守着"南京的灵魂"，追溯着南京老城南的旧事，在流转的时光中守护着南京的文脉。

传奇地名

邓府巷的得名与邓愈有关吗

邓府巷，位于洪武北路东侧，分别连接中山东路与长江路，因为邓愈居住在这里而得名。

邓愈（公元1337—1377年），原名友德，后来朱元璋赐名"愈"，安徽虹县人，即现在的安徽泗县人，明朝开国功臣，被封为宁河王。邓愈小时候就追随他的父亲邓顺兴从军，16岁时就被他的父兄授以兵权，号令全军。每次打仗的时候，他总是冲在战场的最前线，所向披靡，所以下属都对他言听计从，愿意接受他的号令。后来，朱元璋率领部队攻下滁阳之后，邓愈就率领部队来追随他，被任命为管军总督。之后经常和常遇春、胡大海等著名将领协同作战，参加了攻打集庆、镇江等地的战役，立下了赫赫战功，后来又被任命为江南行省参政。之后，陈友谅率领部队攻打抚州的时候，他与李文忠共同在抚州抵挡陈军。当时陈军的军力远远超过防守的军力，就是在这种力量悬殊的情况下，邓愈和李文忠坚守了三个月。最后是朱元璋亲自率领部队为他们解围的。到洪武年间，他以副将的身份出征，追杀元军残留部队，攻克了河州。后来，朱元璋任命邓愈为征西将军，讨伐位于西南的少数民族，获得全胜。不幸的是，在班师回朝的途中，邓愈因为突发疾病而死在了寿春。当邓愈去世的消息传回京师之后,朝野震惊,朱元璋甚至痛哭到失声,并且下令辍朝三天以表示对邓愈的哀悼,并且追封邓愈为宁河王。

驴子巷的命名真的跟驴有关吗

驴子巷位于南京市下关区,曾经有一段传说,叙述了驴子巷名称的由来——驴子巷的命名真的与驴有关。

驴子巷

清朝时,在这条由平民百姓聚居而成的巷子里居住着一个叫做毛老三的人。因为他从事的是帮人运货的行当,所以喂养了很多头毛驴。有一天,驻守南京的一个清军将领听说太平军马上就要进城了,顿时慌了手脚,决定逃离南京。于是他找到毛老三,雇佣他的毛驴把自己的财宝运了出去。事情安排好之后,他率先逃出了南京城。

后来,一百多名清兵押运着毛驴队伍出了南京城,可刚出中华门不久就遇到了要进城的太平军。清兵们吓得扔下武器,转头就跑。在慌乱之中,毛驴们也驮着财宝四处逃窜,不知道跑到哪里去了。人们都知道老马识途,有趣的是毛老三家的驴居然也认识回家的路,就在毛老三发愁的时候,毛驴们驮着财宝竟然陆续回来了。

太平军进入南京城之后,百姓们也过上了太平的日子,毛老三考虑了很久,认为这些财宝不是自己能够拥有的,拿着说不定还会招来灾难,于是他决定把财宝献给东王杨秀清。杨秀清得到这些财宝之后非常高兴,对毛老三也非常感激。就问毛老三想要什么赏赐,毛老三说:

"不用谢我，这都是驴子的功劳。"于是杨秀清就下令给这些毛驴披戴大红花，然后到街上游行，以这种方式作为对它们的表彰。就这样，毛老三所居住的这条巷子就被人们命名为"驴子巷"了。

饮马巷的命名与宋高宗有关吗

饮马巷，位于秦淮区中华门镇淮桥西，在解放前一共分为三段，从纱湾口到笔架营叫做库司坊，从库司坊到磨盘街口叫做饮马巷，从饮马巷到谢公祠叫做小门口，解放后这三段就被合并为饮马巷了。

据说饮马巷的命名跟宋高宗赵构有关。相传南宋时期，建康城被金兀术攻陷之后，赵构的王府马上就被包围起来。金兀术计划采用"擒贼先擒王"的策略，活捉赵构。可当他进入王府之后，却发现王府里面已经空无一人了。这时赵构正带着群臣逃跑，他们避开大路，沿着小路向着南门前进。可笑的是，他们都带着马，但是都不敢骑，因为怕马蹄的声音会惊动敌人，所以只能拉着缰绳牵着马走。

就当他们快要走到南门的时候，赵构的马突然变得非常烦躁，拉长了脖子想要叫唤，不管怎么拉缰绳都制不住它。这可把赵构急坏了，于是问身边的大臣现在应该怎么办。其中一

饮马巷

个小臣稍微懂一些养马之道，他说这匹马应该是渴了，想要喝水。于是他们就在巷子里找水，最后水找到了，却在井里，他们又没有水桶。这个时候，那个小臣走了上来，把赵构的马牵了过去，让它在百姓们淘米的水缸里喝个够，喝完水之后，这匹马果然变老实了。之后，他们有惊

无险地逃了出去。后来，这条巷子就因为宋高宗的这次事件而被人们称为"饮马巷"了。

老南京的"状元境"前为何没有姓氏

状元境，位于南京市秦淮区夫子庙境内，曾经被更名为新巷。在它的周边有很多著名的古街巷及名人故居，如贡院街、大全福巷、大明王府、王谢故居等。在古代，南京有一个规矩，如果一条街上的某个人高中状元的话，就要用这个人的姓氏来命名这条街。那么为什么老南京的状元境前没有姓氏呢？

原来，当时在状元境这条街上出的状元郎竟然是秦桧父子。据说，秦桧高中状元之后，这条街上的人都觉得特别自豪，也把这条巷子更名为"秦状元境"。但后来，秦桧在做官的时候做尽坏事，老百姓都对他恨之入骨，连累得"秦状元境"的街坊邻居也抬不起头。后来，秦桧害死了抗金名将岳飞，更是加深了全国百姓对他的厌恶，而住在"秦状元境"的人们也想把巷名换一下，可是他们害怕秦桧会报复，所以没有人敢出头办这件事。

但令人感到奇怪的是，自从大家有了这个心思之后，秦桧只要干一件坏事，巷名牌子上的"秦"字就会变得暗一些。就这样，过了一段时间之后，"秦"字竟然消失了。秦桧知道了这件事情之后气坏了，派人去查这件事是谁做的，可是最后也没有查出个结果。秦桧没有办法，只好命人在牌子上把"秦"字又写了上去，并且派人暗中观察，看看到底是谁所为。一天晚上，他的手下突然发现牌子上的"秦"字又消失了，赶紧向秦桧报告。秦桧听了之后，非常震惊，心想可能是自己做的坏事真的太多了，遭到了报应。从此之后，秦桧再也不敢往上写"秦"

字了。秦桧的儿子依靠权势中了状元,又想把"秦"字添上,但没有成功。这就是老南京的"状元境"前没有姓氏的原因了。

曾经有两位皇帝来钓鱼巷钓鱼吗

钓鱼巷,位于南京市建康路东段南侧,秦淮河就在它的东边。1986年,钓鱼巷被拆,但是在这里的居民区还被称为"钓鱼巷"。那么,曾经真的有两位皇帝来钓鱼巷钓鱼吗?

乾隆画像

相传,在明朝时期,武宗朱厚照曾经来过这里看花船、观花灯,当时他的玉壶掉在了这里,所以这里就被命名为了"玉壶坊"。到了后来,武宗又来到这里钓鱼,于是就被改为"钓鱼巷"。到了清朝年间,乾隆皇帝也曾经来到这里进行垂钓。就这样,钓鱼巷先后有两位皇帝来到这里钓鱼。

在钓鱼巷流传过哪些"钓鱼"趣谈

钓鱼巷流传过很多种"钓鱼"趣谈,其中最为有趣的就要属曾国荃的"钓鱼"故事了。

据说,当时曾国荃被任命为两江总督,他负责镇压太平天国运动。他任职期间做了很多贪赃枉法的事,捞足了油水,对于那些想要升官或者是想打赢官司的人,都要狠狠地敲上一笔才肯罢休。他为了接受更多贿赂,就把手下们派到钓鱼巷的妓院,和那些想求他办事的人进行各种交易。就这样,人们就把在两江总督西苑门上所挂横匾上的"三省钧衡"拆读为"三省钓鱼行"。他们是这么分析的,"钧"字可以读作"钓",而"衡"字可以拆成"鱼行"两个字,这样就可以读成"三省钓鱼行"了。曾经还有一位樊姓文人写了一首打油诗来调侃曾国荃,即"秦淮画舫暖围春,时有鱼郎来追萍,闲鏊河房粗误字,钧衡谁是钓鱼人"。

柳叶街的命名和两条"鱼精"有关吗

柳叶街,位于南京升州路南,与内秦淮河相邻,在新桥与小浮桥之间。1995年,船板巷并到柳叶街,全长950米,宽12米。

据说,柳叶街的命名是因为两条"鱼精"。明初洪武年间,朱元璋在南京称帝,建立了大明江山,由于他年少的时候当过和尚,受到寺内一些老和尚的影响,所以十分迷信。有一天,朱元璋微服私访来到民间,听见百姓们都在议论当初兴建皇宫填燕雀湖的时候,有两条"鱼精"从燕雀湖中逃走并游到了秦淮河边的一处小沟里,藏了起来。这件事情让朱元璋非常紧张,因为古代有"鱼精入海成龙"的说法,他认为"鱼精"在燕雀湖的时候是成不了气候的,但是到秦淮河就是入江成龙,会严重威胁到大明江山。就这样,他下令把秦淮河的鱼全部杀死了。他命人在上、下浮桥之间布满滚钩,将秦淮河的鱼聚在一起进行抓捕,之后用柳枝穿在一起挂在街上晒干。于是,整条街上都是穿鱼时掉下来的柳叶,所以,这条街就被命名为"柳叶街"。

王府巷曾经叫做"皇甫晖"吗

王府巷,又分为大王府巷和小王府巷。大王府巷便是如今的王府大街,位于三茅宫和建邺路之间,呈东西走向。小王府巷则位于丰富路和大王府巷之间,呈南北走向。它们相交呈"T"字形。那么,王府巷曾经叫做"皇甫晖"吗?

皇甫晖,南唐魏州人。唐庄宗时,他追随赵在礼一起谋反,在一天夜里把贝州城焚毁,之后迁到魏州城,赵在礼认为他是一个凶猛顽强的人,就把他提升为马步都指挥使。之后,明宗来到魏州,他们再次勾结,制造了著名的"庄宗之祸"。明宗登基之后,皇甫晖因为立下的功劳而被提拔为陈州刺史,之后又被封为江州节度使。后来周世宗进兵侵扰南唐的时候,他和姚凤一起防守清流关,最终不敌被俘。被俘之后拒不投降,就这样被杀死了。而王府巷就是因为皇甫晖曾经住在这里而被命名为"皇甫晖"的,之后因为谐音讹传为"王府巷"。到了元朝时期,元文宗在没有称帝之前,曾经在建康做藩王,当时也住在这里,王府的名号才开始名副其实,就这样一直沿用到了今天。

现在的大王府巷已经成为王府大街,商业非常繁华,也是南京市著名的美食街,并且朝天宫就在街道的南段。而小王府巷仍旧是一条极具历史气息的小巷子。

信府河是因为信国公汤和曾居住在此而得名的吗

信府河,位于中华门城堡东北,呈东西走向,曾经还被叫做"石门槛"。它是因为明初信国公汤和曾经居住在这里而得名的。

汤和,字鼎臣,濠州钟离人,为人谨慎,足智多谋。元朝末年,因为生活窘迫,参加了红巾军农民起义,先跟随郭子兴,被授予千户。后来

信府河街道

跟随朱元璋，在攻占集庆以及镇江等战役中立下了汗马功劳，被任命为统军元帅。到了后来，更是多次战胜张士诚、陈友定以及方国珍等，洪武十一年被朱元璋封为信国公。他和徐达被朱元璋称为大明的"擎天之柱"。后来，大明王朝巩固，朱元璋年事已高，不愿意诸将统领太多的兵马，于是就开始削弱诸将的势力。汤和明白了朱元璋的心思，找了一个合适的时机，向朱元璋请辞告老还乡。朱元璋心里非常高兴，立即批准了他的这个请求，并且下令为汤和在中都建造宅院。到了第二年的时候，因为倭寇在东南沿海扰民，朱元璋下令让他复出，在东南沿海设立防线。洪武二十八年，汤和病死，终年七十岁。

汉府街曾经有一座汉王府吗

　　汉府街，位于南京市玄武区长江路东端，梅园新村以南。明朝洪武年间，汉王陈里的王府就在这条街上，而汉府街也因此得名。

　　汉王陈里的父亲是陈友谅。元朝末年的时候，陈友谅曾在县衙做过小县吏，后来因为与上司不合参加了红巾军农民起义，归徐寿辉部将倪文俊领导。公元1357年，倪文俊想要密谋杀害徐寿辉，结果并没有成功，陈友谅趁这个机会杀死了倪文俊，将倪文俊的领导权夺了过来。之后，陈友谅率领部下先后占

汉府街

领了江西及福建等地。到了公元1360年，陈友谅跟随徐寿辉一同攻打太平，在攻打的过程中谋杀了徐寿辉。之后这支红巾军彻底被陈友谅掌握并在此基础上登基称帝，都城设在江州，国号汉。之后，他和张士诚联

合，共同对付朱元璋，但是由于张士诚没有配合作战，所以没能打败朱元璋。公元1363年，陈友谅的部队与朱元璋的部队大战于鄱阳湖，最终陈军大败，陈友谅中箭身亡。之后，陈友谅的儿子陈里继位。公元1364年，陈里投降，被封为"汉王"，而汉王府就设立在汉府街。

常府街是因为常遇春府而得名的吗

常府街，位于太平南路东侧，复成桥与大杨村之间，呈南北走向。明朝初年开平王常遇春的府邸就在此，常府街也因此而得名。常府街上的"华牌楼"是朱元璋为了表彰他的功绩所立的。

常遇春（公元1330—1369年），字伯仁，安徽怀远人。骁勇善战，为大明朝的建立立下了汗马功劳。元朝末期，农民起义四处兴起，常遇春就在这个时候参加了朱元璋领导的农民起义军。他虽然肚子里没有"墨水"，但是在领兵作战的时候却常常与兵法契合，能够做到出奇制胜。他在与大将徐达共同领兵进攻张士诚以及消灭元朝的战争中，往往冲在最前线，锐不可当，勇猛异常，被称为"常胜将军"。他常说，只要给他十万兵马，就足以横扫天下，所以他又被人们称为"常十万"。朱元璋称帝之后，封他为鄂国公，并且在常府街上为他建造府邸。因为常遇春立的功劳很大，所以朱元璋在为他兴建常府之外，还建造了一座花牌楼来表彰他的功绩。当时，常府的规模非常大，仅后花园就有九个大小不一的池塘，被称之为"九连塘"。直到现在还保留着"九连塘"的地名。而常府的牌楼上雕刻了很多各式各样的花卉纹饰，非常壮观，所以人们将它称为"花牌楼"。如今常府街还在，可惜的是"花牌楼"已经被拆除了。

百猫坊是因为有一百只猫而得名的吗

百猫坊，位于南京市升州路南彩霞街菜场内，又被称为白猫坊，离它不远的地方就是船板巷。在古代，这里是俞通海府前的一座牌坊。那么，您知道百猫坊是因何得名的吗？是因为这里有一百只猫吗？

相传，朱元璋登基称帝之后，俞通海因为大明江山的建立立下过赫赫战功，所以被封侯。后来朱元璋年纪大了，为了稳定大明江山，杀死了很多开国功臣，甚至连自己的亲侄子也没有放过，俞通海也成为他的眼中钉，想要杀之而后快。由于俞通海是一个谨慎的人，朱元璋找不到合适的理由来治他的罪。

后来，俞通海新盖了一座家宅，家宅的位置就在秦淮河边上。朱元璋的贴身卫士诬陷俞通海想要谋反，说俞通海想要通过秦淮河入海成龙，从而夺取大明江山。朱元璋虽然非常想要把俞通海赐死，但是觉得这个理由还是太牵强。忽然，朱元璋想到了一个点子，他命人在俞通海的府前立了一座牌坊，在牌坊上刻上一百只猫，用"猫"吃"鱼"来暗示他想要杀"俞"。俞通海非常了解朱元璋，马上就明白他的用意了。俞通海觉得自己为大明江山付出了这么多的心血，到现在却落得这样的下场，怨恨朱元璋手段太过残酷，于是就被气倒了，没过几天就死了，终年38岁。而朱元璋为了掩饰自己把俞通海逼死的真相，在俞通海出殡的时候也到俞府前假哭了几声，还追封俞通海为虢国公。而百猫坊就是因为朱元璋为了逼死俞通海所雕刻的一百只猫的牌坊而得名的。

直到现在，人们仍然可以看到，俞府的遗址附近有很多纵横交错的小巷，据说这是朱元璋命刘伯温在这里设下的八卦阵，目的是为了击破俞府的"王气"。而百猫坊，是如今江苏地区唯一保留下来的明代府第石坊，1982年被列为南京市文物保护单位。

"周处除三害"出自老虎头吗

老虎头，位于南京市东南，是一条百米长的巷子。根据史书记载，三国时期，孙权的一位谋臣张昭就住在这里。张昭在他的府宅前挖了一条湖，命名为"娄湖"，而他的宅子就被人们称之为"娄湖头"。到了后来，因为谐音，"娄湖头"渐渐被说成了"老虎头"。另外一种说法是每当娄湖湖水干枯的时候，就会有很多石头露出水面，而这些石头的形状就好像是一只只凶猛的老虎头，于是人们就把这里称为"老虎头"了。

在老虎头有一个著名的古迹，即"周处读书台"，"周处除三害"就出自这里。相传晋朝时期，这里有个叫做周处的人，因为他长相凶恶、力大无穷，并且常常在乡里胡作非为，导致人们都非常怕他。后来，他突然想要做一名圣人，于是就想找一名圣贤的人做他的老师。在他寻找的过程中碰到一位老人，这

老虎头巷周处读书台

个老人告诉他："你为什么要跑这么远找圣贤呢？在你的家里就有，那位圣贤倒穿鞋、反披衣，你不用舍近求远，赶紧回家去吧。"就这样，周处听了老人的话回到了家，周处的母亲看到他回来之后，非常惊慌，倒穿鞋、反披衣就出来了。周处看到之后，立刻明白过来，原来自己的母亲就是能够教导自己的人。他的母亲对他说，现在有三害一直困扰着百姓，你应该为人们做些善事，把三害铲除。第一害是一头猛虎，周处找到猛虎之后，用大刀把它砍死了；第二害是一条蛟龙，常常在水里作

怪,害得很多人淹死在水中,周处与蛟龙在水中搏斗,最终把它杀死了;而第三害就是周处自己,当周处知道百姓把自己看作第三害的时候非常惭愧,幡然悔悟,从此开始努力读书,最终做了周军候。而周处读书台便是人们为了纪念他的浪子回头而建的。

现在的周处读书台只剩下一个门廊了,门廊也被时光侵蚀成了青灰色,已经没了当年的风采,但正是因为这样,人们才能够在这里感受到历史浓重的沧桑感。1982年它被列为南京市文物保护单位。

老虎头为什么会有一座"石观音寺"

老虎头除了"周处读书台"之外,还有一处著名的古迹,即"石观音寺"。它始建于公元507年,是梁武帝萧衍的出生之地。萧衍登基之后,把这座宅院改为了寺庙,名为"光宅寺"。当时,这座寺庙的规模非常大,可惜的是,宋代以后,因为战争,这座寺庙的规模越来越小。明朝永乐年间,这座寺庙被重建,因为这座寺庙摩崖石刻上的观音雕像而被命名为"石观音寺"。

关于石观音寺还有一个典故。据说,梁武帝有一个妃子,名为"郗氏娘娘",她是个非常喜欢吃醋的人,想尽各种办法不让梁武帝接近别的妃子。这件事情让梁武帝非常恼火,最后把郗氏娘娘逼得自杀身亡。郗氏娘娘自杀之后变成了一条大蟒蛇,经常在梁武帝的梦中出现,在他的梦中翻腾,露出龙、蛇之身,把梁武帝搞得寝食难安。后来梁武帝为了忏悔自己所犯下的罪孽,就开始信佛,雕塑石观音相,最后将自己的宅院也改建为寺庙了。

泥马巷是宋高宗命名的吗

泥马巷，位于南京市朝天宫附近，绒庄街和评事街之间，邻近三山街。据说，泥马巷是宋高宗命名的。

相传宋朝"靖康之变"后，当时还是康王的宋高宗赵构被金人抓住，被拘禁在金营中，后来赵构找到机会从金营逃了出来。金人发现他逃跑之后，派大将金兀术前去追捕赵构。赵构本来是骑着马逃跑的，可是到了建康江边的时候马被金兵射死了，他面对滚滚江水，无奈地感叹。前有江水，后有追兵，就在他准备跳江自杀的时候，有一个老道牵着一匹马从旁边的小树林里走了过来，这个老道把这匹马送给赵构，让他骑着马朝东南方向逃，以此来逃过这一劫难。当时的赵构只想着活命，他不假思索地朝着马屁股上狠狠抽了三鞭，马儿大叫着就飞到了江上，更神奇的是，这匹马非但没有被江水淹没，反而在江水上更如履平地，就这样到达了江对面的岸上。当时的赵构劫后逢生，心情大好，但是还没等他欢呼雀跃，就被马掀翻到地上，然后马儿自己跑掉了。

泥马巷

赵构歇了一会，心想，老道和马儿救了自己，应该好好地谢谢他们。于是，赵构就沿着马儿跑走的路径去寻找。最后他来到了一个名字叫做"崔富君庙"的门前。进来之后，发现庙里供奉的崔富君和自己遇见的道士长得一模一样，而且这个崔富君牵着一匹用泥雕塑的马。赵构不相信会这么神奇，一匹泥马会跑来救自己，可是当他看到泥马的屁股上有三道被鞭子抽后留下的红印时，才知道真的是神灵在帮助自己。之后，赵构登基称帝，为了感谢崔富君和泥马的救命之恩，他将崔富君庙重新修建，并把这个地方命名为了"泥马巷"。就这样，这个具有传奇色彩的地名就一直沿用了下来。

狗耳巷的命名与"狗"有关系吗

狗耳巷，位于南京市鼓楼区。有的时候，狗耳巷也被人们称为"狗耳朵巷"。人们乍一听这个名字的时候肯定会认为这条巷子的命名是和狗有关的，但其实它的由来跟狗一点关系都没有。

关于这个地名的由来流传着两种说法。第一种说法，古代的时候这里有一条很大的沟，当时人们把它称为"沟儿巷"，随着时间的流逝，"沟儿巷"也慢慢被讹传为"狗耳巷"。第二种说法，南京作为民国时期的首都，曾经有很多外国人集中在这个巷子，由于这个原因，有很多漂亮的女孩子经常在这个地方出没，而外国人在看见漂亮的女孩子时就会打口哨并且大喊"Girl!Girl!"，所以时间长了之后，人们就把这条巷子称作"Girl巷"，用中文来说就是"狗耳巷"。

虽然，这个巷子的名称并不文雅，但是也不失为一个有意思的巷名，您认为呢？

"螺丝转弯"是一个地名吗

南京的地名很有特色，有的可以反映历史，有的可以体现文化，甚至有的非常"古怪"，而有些地名只能用古怪来形容，如汉中路南侧的"螺丝转弯"。

螺丝转弯曾经是一条南北向的小巷，被人们称作"螺狮转弯"或"螺狮转湾"。据史料记载，在这条小巷上曾经有一座寺庙，叫做"罗寺"，螺丝转弯就是因为罗寺的存在而得名的。据说南朝时期，这座寺庙叫"延祚寺"，到了唐朝，寺内出了一位灵智禅师，号罗喉和尚，当时他的两只眼睛虽然都失明了，但是对经文却非常精通，当地的人们认为他有一双"天眼"，于是从那时起，这座寺庙就被改为"罗寺"了。到了宋朝，寺内铸造了两座铁塔，所以又被

螺丝转弯巷

称为"铁塔寺"，宋神宗赐匾"正觉寺"，王安石也曾经在这里立过书院，并且在寺西建造了蓐龙轩，常常在那里读书练字。

到了明朝时期，朱元璋称帝之后，下令将这座寺庙改成仓库，后又被庙中的和尚们修复，但最后还是因为战争而被毁坏。因为当时有一条小路就处于这座寺庙的拐角，所以人们就把它称作"罗寺转弯"，到了现在，"罗寺转弯"就变成了"螺丝转弯"。

这里也住过一些名人，如民国时期国民党人陈果夫，他曾经在南京"四易住所"，这里是他最初居住地。民国三十五年，地图上还曾把"螺丝转弯"标注成"螺狮街"。到了现在，"螺丝"已经不"转弯"了，在经过拓宽修建之后，这里变成了一条宽而直的街道。

"止马营"的名字有何来历

"止马营"是南京的一个地名，位于南京城秦淮区朝天宫西南方向，那里立着一块石碑，碑上刻有"文武官员军民人等到此下马"十二

字!这是彰显皇家礼仪的下马碑,也是"止马营"名字的来源之一。当时的人们称此地为"止马行",传来传去就成了"止马营"。

关于"止马营"名字的来历还不止一个。其中有一个是关于朱元璋的老婆马皇后的。据说当时,兵部侍郎之子朱紫贵一次在水西门闲逛时,遇到画家何上清与妻子肖梅娘,朱起了歹念,妄图霸占梅娘,何上清厉声回绝。朱紫贵恼羞成怒,抢走了何上清手中的画稿,意图到朱元璋面前进行诬陷。那幅画稿上面画的是一个大脚女人抱着一个西瓜,朱紫贵挑拨说是嘲弄马皇后,朱元璋大怒,下令锦衣卫次日清晨捉拿何上清问斩。晚上,朱紫贵便派人在何家屋檐插上芝麻秸,作为捉人记号。

后来马皇后得知此事,觉得有蹊跷,便扮成民妇到何家询问情况,了解到画中女人怀抱之物是未画完的童子头,顿时真相大白。当时马皇后在何家发现了芝麻秸,心知不妙,便命随从在各家屋檐下都插上了芝麻秸,并贴上对联"芝麻开花节节高,大明基业万年牢。家家户户种芝麻,洪武江山龙登朝"。

止马营下马碑

第二天一早,锦衣卫到了一看,怎么家家都有芝麻秸?于是不管三七二十一就将全巷的老百姓以及正在微服私访的马皇后都抓到了皇宫。接着便上演了一出审皇后的闹剧。最后在马皇后的帮助下,何上清一家与周围的邻居都安全回家。后来,人们为了纪念马皇后的恩德,便将那条街命名为"芝麻营",以致演变成了如今的"止马营"。

还有一个传说发生在乾隆年间。止马营一带有一家名闻天下的商铺"老财陈伞店",因为这家店的招牌是乾隆皇帝亲笔写的,所以南来北往的大小官员，无论他们的地位有多高，只要路过此地，都要下轿、下马，恭恭敬敬地买把伞，而且从来不问价钱。

那么，为何乾隆会为这家伞店亲笔御赐招牌呢？据说一次乾隆下江南微服私访时，突然下起了雷阵雨，乾隆没有打伞，一下子钻进老财陈伞店屋檐下避雨。老财陈劝他买把伞，可是乾隆没有带银子。等到雨小了些，乾隆准备冒雨赶路，老财陈见他如此落魄，心中不忍，便送了把伞给乾隆。乾隆感谢后撑伞出门，刚走出门，正巧赶上两块瓦片从乾隆头顶正上方落下来。乾隆惊恐不已，心想：如果不是这把伞，恐怕我就命归于此了。

回到京城后，为了感谢老财陈的救命之恩，乾隆亲笔题写"老财陈伞店"御赐招牌，并昭告全国官员，凡是经过江南，必要到老财陈那里买把雨伞。时间久了，这里便有了"止马营"的地名。

南京的人文景观

　　南京作为我国著名的历史文化名城,有着其独特的人文景观。无论是曾经的科举考场江南贡院陈列馆,还是雨花台烈士纪念馆,亦或渡江胜利纪念馆,都颇具历史意义。同时,人们还可以从这些景观中了解到许多历史上著名的人物以及有趣的故事。下面就让我们来一一了解。

南京有名的博物馆

江南贡院陈列馆曾经是考场吗

江南贡院陈列馆,又被称为江南贡院,是夫子庙地区的主要建筑群之一。在古代,江南贡院陈列馆是考场。在鼎盛时期,这里拥有考试的号舍高达20644间,再加上其他用处的房间,占地面积达30万平方米,它的规模在全国的贡院之中居首位。有很多著名人物在此考试,如唐寅、施耐庵、郑板桥、陈独秀等。

江南贡院

如今的江南贡院陈列馆仍然保留着当时江南贡院中的"明远楼""贡院刻碑"以及"至公堂"等。明远楼曾是江南贡院的中心,并且是贡院建筑物中最高的一个。楼里至今还保存着清朝康熙年间的著名词人李笠翁所写的一副对联:"矩令若霜严,看多士俯伏低徊,群嚣尽息;襟期同月朗,喜此地江山人物,一览无余"。在科举考试期间,监考官员会在这里巡视,用来防止考生作弊。

"贡院碑刻"在明远楼的两侧,一共有20多块。在这些石刻中,有着康熙御题碑、重修扩建贡院碑以及两江总督铁宝碑等。"至公堂"原本是监考官与外帘官办公的地方,现在是陈列馆的主要展示厅。在这里,人们可以看到很多以文字为主的资料,可以系统了解我国科举制度的形成以及发展历史。

江南贡院陈列馆的建设,是为了广泛收集与科举制度相关的资料,对科举制度进行深入研究。如今陈列馆把知识性和娱乐性有效结合起来,在文化教育以及旅游事业中将科举遗存的作用充分发挥了出来。

雨花台烈士纪念馆是谁设计的

雨花台烈士纪念馆,位于雨花台烈士陵园南部的任家山上,是一座极具传统民族风格和现代气息的优美建筑。这座纪念馆兴建于1984年4月,1988年建设完成之后,同年7月1日正式对外开放。

"雨花台烈士纪念馆"是由邓小平同志亲自题写的,被镌刻在纪念馆大门的门额上方。门檐下的正中间,则雕刻着"日月同辉"的图案,它象征着烈士英名永存。馆内设10个展厅,其中9个展厅用于陈列革命烈士的事迹,这9个展厅内,一共陈列了127位革命烈士的文物资料,它以中国共产党经历的四个历史时期为主要线路,将各时期重要事件串联起来,然后按照烈士牺牲时间先后排列而出。这座古朴典雅的雨花台烈士纪念馆,也是

雨花台烈士纪念馆

著名建筑大师杨廷宝先生生前设计的最后一座建筑。

杨廷宝,著名的建筑学家和建筑教育学家,是中国近现代建筑设计

的开拓者之一。在中国的建筑界，著名的"南杨北梁"中的"南杨"指的就是杨廷宝先生，而另一个则是梁思成先生，他们都是建筑界的泰山北斗。杨廷宝先生生前设计了很多著名的建筑，南京紫金山天文台也是他创作设计的。他为我国建筑设计事业做出了很大的贡献。同时，在建筑教育领域，他也培养出了很多优秀的建筑设计人才，为我国的人才储备奠定了基础。

雨花台纪念馆的建筑平面呈"凹"字形，是一座极具现代民族风格的建筑。纪念馆的屋顶采用的是中国传统古建筑的重檐形式，在此基础上加以简化，使屋顶的轮廓简洁庄重。而纪念馆的屋面、外墙、窗框以及栏杆采用的都是白色的建筑材料，使整个建筑呈现出浑然一体的白色。这种建筑风格呈现出的效果与纪念馆四周的绿色树林形成鲜明对比，在阳光的照耀下显得格外美观。

南京渡江胜利纪念馆为何而建

南京渡江胜利纪念馆，位于南京挹江门的城楼上。这里处于扬子江畔，石头城北，与狮子山、八字山相连。1949年4月23日，南京解放，当时中国人民解放军就是从挹江门入城的。而南京渡江胜利纪念馆就是为了纪念南京解放35周年，于1984年4月23日建成的。

南京渡江胜利纪念馆内珍藏着丰富的文物和历史资料，集中展示了中国革命史的发展历程，阐述了中国共产党以及中国人民在寻求真理的道路上不怕艰难困苦的精神。纪念馆展厅面积436平方米，展厅内主要展示的是有关渡江战役时期的珍贵文物，如照片、图表、复制品、实物等。这些文物主要分为四大部分，分别是渡江战役前的国内形势、将革命进行到底、百万雄师过大江以及把红旗插遍全中国。整个展览把革命战争过程全面展示出来，并且反映出在中国共产党领导下的人民解放军战士在战斗中英勇顽强的品质。

纪念馆内还珍藏着邓小平、刘伯承、陈毅、粟裕、谭震林五个人在小山沟茅屋前的合影，展示出了邓小平等同志在进行淮海战役时艰苦办公的情景。馆内陈列很多珍贵的照片，既展示了渡江宣誓大会的场景，还反映了渡江时的艰难。除了照片，还有当时渡江将士以及护厂工人在英勇斗争中使用过的武器和物品，如大锤、扁担、望远镜、指南针、军大衣、毛毡等。这些文物和资料显示了百万雄师渡江时壮阔的历史史实，并且充分说明在老百姓拥护下的人民军队是无坚不摧、势不可挡的。

现在的南京渡江胜利纪念馆在1993年被列为南京市青少年学习历史知识和接受革命传统教育的重要基地。

八路军驻京办事处纪念馆都住过哪些名人

八路军驻京办事处纪念馆，位于南京鼓楼区青云巷41号。它的前身是八路军驻京办事处，是共产党在第二次国共合作期间在南京设立的第一个公开办事机构。它的存在时间虽然不是很长，但是在宣传抗日主张方面和壮大抗日力量等方面都作出了巨大的贡献。我党有很多著名人物都曾在这里居住过。

当时，中共中央和红军代表周恩来、朱德以及叶剑英被邀请到南京参加会议，与中国国民党达成协议，我党在南京设立八路军驻京办事处。当时找到的办事处所在地是南开大学校长张伯苓的公馆。

八路军驻京办事处纪念馆

这是一幢带有阁楼的西式洋房，坐北朝南，砖木结构。大门入口处的左边有一间小屋，被用来当作传达室，而李应吉作为传达员住在里面；在这幢楼房里，一楼进门之后的房间就是钱之光、齐光以及袁超俊的办公室；再往里走是一间客厅；客厅的北边有两间房间，外面的那一间是李克农同志的办公室，里面那间是叶剑英同志的办公室。二楼和三层小阁楼则作为卧室使用。在二楼朝南的两个房间，里面一间是叶剑英同志的卧室，另一间是钱之光和齐光的宿舍。三层小阁楼是童小鹏和康一民同志工作和休息的地方。在这栋楼房后面西北角的地方，有一个小披间，这里被用为油印室，当时董必武、叶挺同志来到南京的时候，就住在这里。

您知道江苏最大的民营博物馆是哪座吗

南京长风堂博物馆，位于南京市北京东路22号和平大厦16楼，地处南京市政府以及玄武湖风光带附近。南京长风堂博物馆是江苏省最大的民营博物馆。

南京长风堂博物馆具备多种功能，如美术精品展示、文物收藏、教育培训以及艺术鉴赏等。它还组建了多个部门，如馆藏、艺术研究、设计企划、艺术品征集以及办公室等，在这些部门中配备了一支素质较高、年轻的专业人员工作队伍。这支队伍建成之后，成功举办了多个专题展览，都获得了较高的评价。

南京长风堂博物馆中珍藏的藏品超过6000件，主要分为地面文物以及移动文物两大类，地面文物主要包括南京傅抱石故居纪念馆、苏州李果故居莳湄堂、长春康德会馆以及东本愿寺等，而移动文物主要包括中国书画、西洋画、古籍善本及名人书札、成扇、铜器、陶瓷器、玉器杂项、竹木用品及古代家具以及佛教文化载体。这两大类几乎涵盖了大型国有博物馆的全部藏项。而且这些藏品中有很多在国内收藏界中有着很大的影响力，如成扇500多件，件件都是名家精品；青铜器400多件，其中有史料价值的铭文就有将近100件；名人书札4000多通，其中1000多通都能够反映明清时期的重大历史事件和重要人物的关系。除了这些，书画藏品中也有很多在国内有较大影响的藏品，比如陆俨少的《杜甫诗意百开册》就是公认的国宝级藏品。

曹雪芹曾经在江宁织造博物馆居住过吗

江宁织造博物馆，位于南京市中心大行宫地区太平北路19号，它的前身是江宁织造府。江宁织造有200多年的历史，清朝初期建成，光绪年间被废。当时，江宁织造府是专门为宫廷制造丝绸产品的，供皇帝以及亲王大臣使用。康熙皇帝曾经六次下江南，其中有五次就居住在江宁织造府中，而"南京大行宫"的称呼就是因为康熙皇帝在此居住过而被命名的。那么，除了康熙皇帝之外，曹雪芹也在这里居住过吗？

江宁织造博物馆内景

根据史料记载，曹雪芹的曾祖父、祖父以及父辈三代居住在江宁织造府。康熙年间，他的曾祖父被任命为南京江宁织造，时间长达65年。而曹雪芹就是在江宁织造府中出生的，他在这里居住了17年，他著作的《红楼梦》中的大观园就以江宁织造府为原型。

现在的江宁织造博物馆由清华大学吴良镛院士设计，由浙江广厦集团投资建设。2009年博物馆主体建筑建造完成，2012年南京市人民政府将其收购，2013年5月1日正式对外开放。博物馆共分为两部分，分别是地面建筑和地下建筑，其中地面建筑共有"栋亭""萱瑞堂""戏台"和"有凤来仪馆"4组标志性建筑，而地下建筑分为两层，分别有江宁织造府、曹雪芹纪念馆、云锦博物馆以及红楼梦文学史料馆。它的主要展览内容分为三个部分，分别是江宁织造衙署历史图片文字介绍、云锦展示以及《红楼梦》名著陈列，重现了江宁织造府从清代初年到光绪年间被废止的历史。博物馆中有小红楼图书馆，人们可以在里面查看有关《红楼梦》的资料，图书馆内也有曹雪芹的相关展品。博物馆还收藏了从海内外收集的有关皇家的龙袍以及旗袍等文物，更有极其珍贵的唐代云锦。

南京龟鳖博物馆中的"周氏闭壳龟"有何来历

南京龟鳖博物馆，又被称为南京龟鳖自然博物馆。它位于南京市鼓楼区乌龙潭公园内，是一家以展示和研究龟鳖动物为中心的博物馆，也是中国第一家龟鳖自然博物馆。它建成于1989年9月，建筑风格以明清为主，占地8000平方米左右。在这座博物馆中有很多种类的龟鳖，那您知道其中的"周氏闭壳龟"吗？

南京龟鳖博物馆设立前厅、龟文化陈列室、标本室、中国龟鳖厅、世界龟鳖厅、海龟厅以及放生池等。目前收藏的中外龟鳖达到80多种，在全世界所知道的龟鳖品种中占36%。在这些龟鳖中，被列为国家一、二级保护品种的有15种25只，其中一级保护动物4只，二级保护动物21只。除此之外，馆内还收藏有国外的龟鳖动物203只。目前馆内还收藏了一副距离现在已经有一万五千年的陆龟化石。让人惊叹的是，在1990年发现了一个新龟种，为了对创建中国第一家龟鳖自然博物馆以及推动中国龟鳖研究事业的周久发先生表示崇敬，就把这个新龟种命名为了"周氏毕壳龟"。

现在的南京龟鳖博物馆受到中外龟鳖爱好者、专家以及诸多人士的高度评价，已经成为了我国龟鳖类动物学习交流的重要基地。

南京大屠杀纪念馆是如何揭露当年日本人的罪刑的

南京大屠杀纪念馆，又被称为"侵华日军南京大屠杀遇难同胞纪念馆"。它是南京市人民政府为了让人们记住当年日军攻占南京之后所进行的南京大屠杀事件而建造的。位于南京市江东门814号，这里也是日军进行大屠杀的遗址之一。为了悼念死者，南京人民政府在1985年建成了这座纪念馆。

南京大屠杀纪念馆建筑面积达5000平方米，用灰白色大理石垒砌而成，建筑风格恢宏大气，庄严肃穆。它把史料、文物、建筑、雕塑以及影视等手法综合运用，全方位展示了"南京大屠杀"惨案。在纪念馆的正大门左侧镌刻着"侵华日军南京大屠杀遇难同胞纪念馆"馆名，由邓小平同志亲自题写。纪念馆的陈列馆共分为广场陈列、遗骨陈列以及史料陈列三大部分。

广场陈列又分为悼念广场、祭奠广场以及墓地广场3个外景陈列场所。在悼念广场内有着标注南京大屠杀事件发生时间的标志碑，有显示在南京大屠杀中遇害的中国人民数量的"倒下的300000人"的雕塑，还有大型组合雕塑"古城的灾难"以及和平鸽。在祭奠广场内，不仅有刻有馆名的纪念石壁，还有郁郁葱葱的松柏以及用中、英、日三国文字镌刻的"遇难者300000"的石壁。墓地广场内有三组大型的灰色石刻浮雕

以及十七块小型浮雕，它们是南京大屠杀中遇难者纪念碑的缩影，形成了以生死悲愤为主题的纪念性墓地的景象。

陈列遗骨的陈列室外形呈棺椁状，这里陈列的是从纪念馆所在地的江东门"万人坑"中挖出的一些遇难者遗骨。这些遗骨经过专业人员的严格鉴定，最终被确认为南京大屠杀遇难者遗骨。它们就是当年日军进行南京大屠杀暴行的铁证。

前事不忘，后事之师，以史为鉴，开创未来。该馆现在已成为国际间祈祷和平与历史文化交流的重要场所，同时也是"全国中小学爱国主义教育基地""全国青少年教育基地"和"全国爱国主义教育示范基地"。

在史料陈列厅内，有很多反映当年日军暴行的文物资料，有照片、历史档案资料、纪实、报道、图书、报刊，有南京大屠杀中的幸存者的名册、证言、证词以及实物，并且搜集到了当年参加南京大屠杀的日本军官和士兵的日记、供词，以及远东国际军事法庭和中国军事法庭对南京大屠杀主犯松井石根、谷寿夫审判的照片及判决书等。还有一个电影放映厅，向观众放映《侵华日军南京大屠杀》历史文献纪录片。

三大陈列馆中的各种资料文物充分向世人揭露了当年日军的罪行。

南京市博物馆里有哪些镇馆之宝

南京博物馆有藏品42万余件，其中瓷器占据一半。所藏文物件件都是珍品，国宝级文物也不在少数。

"萧何月下追韩信"青花梅瓶，是元代青花瓷。国内的元青花仅有100多件，非常稀少。2005年，"鬼谷下山图"元青花拍卖了2.6亿元人民币，而"萧何月下追韩信"无论从瓷胎质地和青花发色上都要更胜一筹，目前全世界仅有三件，另外两件在国外，但尺寸、釉色纹饰等都不及这件精美。因此这宣称是10亿元也不卖的无价之宝。

金蝉玉叶，是一只金光闪耀的蝉，栖息在一片玉叶上。它出土于明代一进士墓，金蝉的含金量很高，成色达到95%。蝉翼轻而薄，外翼长1.7厘米，宽约0.8厘米，厚仅2毫米，蝉的一对前足翘起，一对后足微抬。整个蝉体形象逼真，栩栩如生。

南京市博物馆内景

玉叶用新疆和田羊脂白玉精制而成，厚度仅为2毫米，外形精美，十分逼真。蝉又称"知了"，"知"谐音"枝"，"金蝉玉叶"寓意为"金枝玉叶"。中国古代对女子的最高赞美莫过于"金枝玉叶"，而金蝉奏鸣，玉叶振动，正是金声玉振的艺术再现。这件金蝉玉叶是明代中期的杰作，目前国内还没有同样的文物出现。

这里还有竹林七贤砖画，西汉金缕玉衣，西晋青瓷神兽尊等，都是国宝级文物。

南京博物馆具有哪些特点

南京博物馆是中国创建最早的博物馆，是中国第二大博物馆、中国三大博物馆之一。其前身是1933年由蔡元培倡建的国立中央博物院。原定为"人文""工艺""自然"三大博物馆。后来由于日军侵华，局势动荡不安，因此只建造了"人文"博物馆，即现在的南京博物馆大殿。这座大殿的建筑风格，仿辽代宫殿式，雄伟壮观，是中国近代建筑史上的一大杰作。

辽式建筑继承了唐代建筑的传统风格，在其风格上又有了创新。造型朴实雄浑，屋面坡度较平缓，立面上的柱子从中心往两边逐渐加高，使檐部缓缓翘起，减弱大屋顶的负重。尤其是屋顶下简洁粗壮有力的斗拱，主要起结构受力作用，跟明清建筑中以装饰为主的斗拱不同。

在梁思成、刘敦桢两位顾问的指导下，徐敬直和李惠伯两人设计了建筑图案。总体布局强调深层次的对称轴线，大殿仿辽代蓟县独乐寺山门形式，其结构多按《营造法式》设计，细部和装修兼有唐宋遗风。陈列室仿自美国某博物馆，做成平屋顶，外墙加中国古典式挑檐，使之与大殿仿古风格协调。

中央博物院的建筑设计形式上力图体现中国传统的建筑风格，以弘扬中华民族传统文化的精神，但又跟中山东路上其他几幢大屋顶的仿古建筑有所不同。

南京的公园

鼓楼公园里的龙凤亭到底是何时建造的

在鼓楼公园安放康熙南巡"戒碑"的两侧,有一对龙凤亭。龙凤亭高4米,圆3.5米,外观呈塔形,亭为六角七级二层楼结构,外层镀了一层金箔,在太阳的照耀下金光熠熠。

龙凤亭各级雕刻了很多的人物、植物及动物,非常精细。从上往下看,第四级是人物,都是武士出征的故事和人物等;第三级,有很多植物和动物,如葵花、青松、万年青、虎豹、蛇虫等;在第二层刻着六大骑士,亭子的六根支柱上刻着龙和凤,值得注意的是凤在上方而龙在下方;亭子的顶部分别刻有飞鹤以及荷花。

南京鼓楼公园建筑

整个龙凤亭,向人们呈现出许多优美的图画,并且雕刻工艺细腻精湛,具有很高的观赏价值。那么,您知道龙凤亭是何时建造的吗?

根据文物专家对龙凤亭的考证,他们认为从雕刻工艺以及水平上看,这是明末清初时期建造的,但是没有史料记载,所以具体的年代不能确定。还有学者提出了不同的观点,在古代,凤代表的是皇后,而龙代表的是皇帝，在封建社会，等级制度是非常严格的，凤在龙的上面已经严重违反了明清时期的规章制度，所以学者们推断，龙凤亭很有可能是慈禧太后当政时建造的。

鼓楼公园里的戒碑与康熙有关吗

鼓楼公园，位于城中心的鼓楼岗，在主城区5条主干道的交汇点偏西处。鼓楼岗海拔40米，是紫金山的一条余脉，明代的鼓楼就建在鼓楼岗上，而鼓楼公园就是以这座楼的名字命名的。

在鼓楼公园有一座"戒碑"，高5.4米，宽1.45米。它由三个部分组成，分别是碑额、碑身以及龟趺。在这块石碑的碑额上刻有一条蟠龙，在正面的中心部位刻有篆体的"圣谕"二字。据说这块"戒碑"的由来与康熙皇帝有着非常大的关系。

康熙二十三年，即1684年，康熙皇帝来到江宁（今南京），回京的时候，几十万的江宁百姓前来为他送行，江宁的各级官员也在送行之列，场面非常壮观。看到这种情景，康熙帝并没有感到开心，反而感到十分忧虑。他对随行的官员说，我听说江南是一个比较富庶的地方，现在看起来百姓的生活是挺富裕的，但是这里的百姓淳朴程度和北方比起来稍微有些不足，这是因为做表面文章追求物质享受导致的，你们作为父母官，应该做到严格自律，奉公守法，严厉打击腐败，要解决百姓遇到的实际困难，要以身作则，让百姓在生活得到保障的同时，人心也要稳定，不要辜负我对你们的期望。第二年，两江总督王新命人把康熙皇帝所说的话刻在一块石碑上，并把石碑立在鼓楼石座的正中，还建造一座楼来保护它。因为这块石碑的内容是皇帝对官员们的告诫，所以这块石碑就被称为"戒碑"。

如今，这块戒碑的意义依然非常重要，"戒碑"被人们看作"廉碑"，对鼓楼区的廉政文化建设起到很大的推动作用。

鼓楼公园的八角亭是齐燮元建造的吗

齐燮元（公元1879—1946年），字抚万，河北宁河人。毕业于北洋陆军学堂炮科。毕业后曾经被任命为江苏军务督办、苏皖赣巡阅副使。1937年7月，抗日战争爆发，齐燮元在北平投靠日本，沦为汉奸，组织了伪政府筹备处，成立伪华北临时政府，成为日本侵华日军的帮凶。1945年8月，中华民族抗日战争取得胜利，齐燮元作为叛国贼被国民党政府逮捕。1946年在南京被处决。而鼓楼公园的八角亭就是齐燮元为其母做寿而建的，当时的八角亭被称为"齐氏寿亭"，还有一块齐氏寿碑（为龟驮石碑）立在八角亭的东侧，现在已经被毁。

八角亭是一座精巧细致、外形美观的亭子，高16米，内宽10米。它拥有八大飞檐，亭顶天花为双鹤戏灵芝。在亭的四周设有栏杆座位，到这里旅游的人们可以围圆而坐。

解放之后，这座寿亭被更名为"乐之亭"，取名为"乐之"有两种含义。第一种含义是指现在鼓楼东有大钟亭，它们两个互相呼应，所以就采用《诗经》中的"参差荇菜，左右芼之，窈窕淑女，钟鼓乐之"中的"乐之"；第二种含义是指八角亭周围的儿童游乐场，用"乐之"定名，意味着能够给儿童带来快乐。

大钟亭公园中的紫铜鸣钟有着怎样凄美的故事

大钟亭公园位于南京市玄武区，标志性建筑物分别是鼓楼和大钟亭。鼓楼共分为上、下两层，下层呈拱形无梁城阙状，上层是重檐四坡顶，顶上龙飞凤舞，非常壮观。

明代时期，鼓楼上是迎接皇帝及接诏报时的地方，当时报时所用的是两面大鼓。后来在楼上立了一块巨大的石碑，而鼓楼也被更名为碑楼，但是人们还是习惯把它称为鼓楼。大钟亭建于明洪武十五年，亭中悬挂着一口紫铜鸣钟，清朝康熙年间这里遭到毁坏，大钟陷入土中，直到清末在这里建造六角亭，并且把大钟重新悬挂起来，才成就了现在的大钟亭。大钟亭中的大钟声音洪亮，顶部凹铸了一周的莲花花瓣纹，并且在提梁上饰以云纹和波浪式卷角，还有着"洪武二十九年吉日铸"的铭文在钟上。这么一口精美的大钟，您知道它有着怎样凄美的故事吗？

大钟亭公园

相传明朝洪武年间，朱元璋在南京称帝之后，命令丞相康茂才在十日内铸造一口紫铜鸣钟。这事可急坏了康茂才，因为当时紫铜非常难开采。转眼限期就要到了，可是开采的紫铜还远远不够，丞相寝食难安，丞相的三个女儿也为他着急。到了第九天，丞相还是没有采集足够数量的紫铜，于是他就把全家人聚集起来，交代了后事，准备到第十天的时候以死谢罪。这件事情令他的三个女儿非常伤心。到了晚上，他的大女儿沐浴之后换上紫色的衣服，向上苍祷告之后跳入火炉之中，神奇的是火炉之中慢慢显现出了钟的顶部。她的两位妹妹看到之后，也按照姐姐的做法跳进火炉。第二天清晨，丞相在火炉中发现了一口带有莲花瓣纹、云纹和波浪式卷角的紫色铜钟。丞相满怀凄楚地带着这口由女儿化作的紫铜鸣钟献给了朱元璋，完成了他的使命。

到了清朝，康熙皇帝听说了这个凄美的故事之后，就命人把这口钟移到这里，并建了一座六角亭安置"她们"。相传当时这座六角亭建造完成之后，很多乞丐都会把家安置在亭内，到了晚上，在外乞讨了一天的男女乞丐都会回来休息，可是每次到了早晨醒来的时候，男乞丐就会发现自己已经被移出亭外。后来他们明白了，这是由女孩子化成的钟，怎么会跟他们同住一室呢。

午朝门公园的修建与明故宫有何关系

午朝门公园，位于南京市中山门内御道街北端，因为在公园南部有明故宫午门，所以被命名为午朝门公园。它建造于1958年，是明故宫午门以及奉天殿所在地，是明故宫遗址的一部分。

从午门进入午朝门公园，有五座石桥，被称为"内五龙桥"，在这五座桥的桥下是内御河。过了桥就是奉天门，在这里建有奉天、华盖和谨身三大殿。三大殿两侧建有文华殿和文楼及武英殿和武楼，这五个建筑物被统称为"前朝"五殿，也就是人们常说的金銮殿。朱元璋就是在这里举行重大典礼和接受文武百官朝贺的。

内五龙桥

在金銮殿的后面，就是后宫所在地，分别拥有乾清宫、交泰宫、坤宁宫、柔仪殿（东宫）以及春和殿（西宫），东宫和西宫两殿相对。这是公园的前半部分，而公园的后半部分主要以绿化氛围浓厚的御花园为背景，配上高大的银杏树池以及青石、木条，既保护了古树也为游人的休息提供了相应条件。在后半部分的东侧是以亭子为主要景观的，和它们对应的是不同形式的林间小道。而西侧以仿古建筑为主要景观，风格以古朴典雅为主，游人在这里可以谈古论今，是一个极佳的休闲场所，并且公园内种植了很多名贵的乔木。这样就形成了色彩多样、层次丰富、疏密有致、季节变化明显的皇家园林景观。

东水关公园"四古"指的是什么

东水关公园，位于南京城东南部，龙蟠中路通济门大桥西侧，是秦淮河流入南京城的入口，也是南京古城墙唯一的船闸入口。所以，这里理所当然地成为了十里秦淮的"龙头"。

东水关始建于杨吴太和四年（公元932年），当时金陵府尹徐知诰命令部下扩建金陵城，东水关就是在扩建金陵城的过程中建成的，而现在的东水关遗址是明代建造的。东水关公园集"古"于一身，一共拥有"四古"，那您知道是哪"四古"吗？

东水关公园的"四古"分别是古桥、古河、古墙以及古闸。"古桥"指的是位于东水关遗址公园内的古九龙桥，它建造于明朝初期，在古代是从通济门进入南京城的必经之地。"古河"指的就是内秦淮河，因为东水关是内、外秦淮河的交汇地带，所以东水关能够发挥的最大作用就是让内秦淮河的水位比外秦淮河高，用来保护南京城内百姓的安全。"古墙"指的是明朝时期朱元璋命人建造的南京古城墙，距离现在已经有超过600年的历史。人们来到东水关的城墙上，可以看到东水关的全景，将东水关壮丽的景色尽收眼底。而"古闸"指的是位于东水关公园中的上首闸以及下首闸，它们分别建造于清朝以及民国时期，主要用于调节内、外秦淮河的水位差。这两座白色的闸门矗立在内、外秦淮河交汇的地方，也是一个独特的风景。

这就是东水关公园的"四古"。在六朝时期，这里曾经是通往浙江以及苏州方向的交通枢纽，过往的商客云集于此，在这里经商交易。而现在的东水关虽然没有了当时的热闹景象，但还是拥有雄厚的气势，屹立在内秦淮河的东端。

石头城公园中的石头城为何又叫"鬼脸城"

石头城公园，位于南京市鼓楼区清凉山一带，它以"石城怀古"作为主题，把石头城的悠久历史以及自然山水结合起来，将古代战场和现代的国防教育融合在一起。石头城公园把南京古城墙作为轴线，把南京的历史文化特色体现得淋漓尽致。

鬼脸墙

石头城公园有三大景区，分别是国防春晓、石城霁雪以及山居秋暝，这三大景区共设有21个景点。其中的石城霁雪是金陵四十八景之一，是石头城公园的精华所在。而山居秋暝区则是一处山林地带，这里植被浓密，生机盎然，人们来到这里之后往往会流连其中。

"石头城"还有一个奇怪的名字——"鬼脸城"。

三国时期，孙权在赤壁之战后，于公元211年将首府迁至南京，并利用清凉山的地理优势建立军事要塞，即"石头城"。城墙中，有一块凸出墙体的椭圆形石壁，表面凹凸不平，远看像面目狰狞的鬼脸，所以被称为"鬼脸"。"鬼脸"下有一水池，池中水清澈如镜，鬼脸正好倒映在水中。这面水池"镜子"的面积有1600多平方米，自古以来一直是著名的景点。

据说，鬼脸与水池，并非一开始就有。在石头城建好之后，不知过了多少年，石头城墙上慢慢地拱出了一个"石瘤"，后来越来越大，逐渐地呈现出一张棱角分明的"鬼脸"，看上去十分恐怖。

鬼脸出现后，那一带就经常闹鬼，搞得方圆几十里，人都不敢走。有一天晚上，突然刮起一阵狂风，接着电闪雷鸣，闪电一下子击中了石头城。第二天，有胆大的人去看，发现石头城上的那张鬼脸变得更加丑陋，鼻子塌了，嘴巴瘪了，像一个僵死的癞蛤蟆贴在墙壁上。不过，鬼脸底下倒是出现了一个清澈的水池。有个打渔的到那里撒网捞鱼，谁知没有捞上来一条鱼，却捞到一面铜镜。打渔人往镜子中一瞅，将自己的五脏六腑看得清清楚楚，抬头一看，城墙上的鬼脸恢复了以前的凶相，看似要向他扑过来。打渔人吓得手一哆嗦，铜镜又掉进了水池中，鬼脸又恢复了丑陋不堪的样子。

消息传开后，人们都说石墙里的恶鬼要出世了，天上专门降下照妖镜来制伏它。恶鬼照着镜子，想出出不去，就僵死在石墙里了。后来，"鬼脸照镜子"一说就传开了，这一传说使得古老的南京城更具有传奇性。

菊花台公园是谁的陵墓

菊花台公园，位于南京市雨花台区安德门外，是南京南郊景点之一。这里盛产菊花，被誉为"南郊风景一明珠"。

相传，清朝乾隆皇帝在下江南的时候曾经路过这里，当时正

菊花台公园

是金秋时节，满山的菊花盛开，乾隆皇帝看到这种美景非常高兴，于是

就把这里题名为"菊花台"。菊花台公园内有假山、水池以及气势恢宏的瀑布,有明清时期的古迹,如天隆寺、塔林、玉乳泉以及古银杏等。那您知道在菊花台公园内还安葬着九位烈士吗?

在菊花台公园内有着一处占地800平方米的菊花台九烈士墓,是公园重要景点之一,这里安葬的是国民政府驻菲律宾等地的九位外交使节的骸骨。1942年,马尼拉(菲律宾首都)沦陷。当时,有九位中国的外交使节被日军捉住,日军运用这种手段对他们进行诱降、逼降,并且要求他们为伪政权办事,效忠日本天皇,但是他们坚决反抗。他们在敌人的暴力面前大义凛然,宁死不屈,最后遭到日军的杀害。这九位烈士分别是驻马尼拉总领事馆总领事杨光泩、领事莫介恩以及朱介屏、主事卢秉枢、随习领事衔领事杨庆寿、随习领事姚竹修、甲种学习员王恭炜和萧东明、驻山打根领事馆领事卓还来。直到1947年7月,他们的忠骸才被运到南京,同年9月在菊花台安葬,由于这个原因,公园也曾改名为忠烈公园。

为何说燕子矶公园内的两块木牌拯救了很多人的生命

燕子矶公园,位于南京市栖霞区幕府山的东北角,与长江相邻。燕子矶被称为"万里长江第一矶",是观赏长江景象的最佳去处。康熙皇帝和乾隆皇帝下江南的时候,都在此地停留过,乾隆皇帝更是在此书有"燕子矶"碑。

在燕子矶有一处著名的景点,即"燕矶夕照",被称为"金陵四十八景"之一。

据说,在燕子矶公园内的两块木牌拯救了很多人的生命。在旧社会,有很多失学、失业的青年,因为感觉生活没有希望,常常会到燕子矶投江自杀，有许多人就在它的脚下葬身鱼腹之中。

1927年初夏的某天傍晚，陶行知先生要进城办事，到了佘二岗的时候，碰到一辆空的人力车，于是陶先生拦下便上了车。路上，陶先生与车夫进行交谈，在交谈的过程中，车夫讲了一件今天他遇到的怪事。原来，在今天早晨有一位女学生上了他

燕子矶公园的石碑

的车，目的地是燕子矶。到了燕子矶之后，这位女学生付给他应得的车费之后还把身上剩下的钱全都给了他，说是让他喝茶用。这点让车夫感到非常奇怪，他说女学生就让他在这里等她。车夫把车停到一家茶馆门口，一直等到太阳下山，这位女学生还是没有回来，到燕子矶去找也没有找到，只好拉着空车回来。

陶先生听完这件事情之后，心里非常沉重，很是为这位女学生担心。到了第二天晚上，陶先生与一个在燕子矶小学实习的学生交谈，在交谈的过程中了解到：在燕子矶江边发现了一具女尸，看起来像一个中学生。经过了解，原来她因为不满意自己的婚姻，竟然选择了投江自杀。还有一个师范生说她在昨天看见了一个穿白色衣服的女子坐在燕子矶头，她担心会发生什么意外，就向那个人爬去。在爬到一半的时候，那个女子站了起来，回头望了一眼之后纵身跳下江去。等她爬到燕子矶头的时候，已经看不到这位女子的身影了。陶先生听了学生们的话之后，沉默了很长时间，觉得很悲哀，也很痛惜。之后，他到木工厂找来了两块木板，在木板上写了两段话，然后让学生送到了燕子矶头。其中的一块木牌插在了燕子矶休息亭旁边，上面写道："想一想！人生为一大事来，应当做一大事去。你年富力强，有国当救，有民当爱，岂可轻

生！"而另一块木牌则被插在了燕子矶头险要的地方，上面写道："死不得！死有重于泰山，有轻于鸿毛，你与其为个人的事投江而死，何不从事乡村教育，为中国三万万四千万农民努力而死好呢？"这两块木牌所在的位置非常醒目，非常容易看到。到这里游览的人们看到之后会陷入深思，对于想要轻生的人们更是能够发挥巨大的作用。这两块木牌令很多轻生的人扭转心思，重获希望。

当时，有一个名叫尤其贵的中学生，因为有事想不开喝了很多酒，想在燕子矶头了结自己的一生。但是他看到了陶先生所写牌子之后，脑袋顿时清醒，心想自己才18岁，应该立志回报国家，而不是在这里自杀，于是他就放弃了自杀的念头，回家去了。还有一个人是原复旦大学教授陈子展先生，当时陈先生还在南京上学，因为忍受不了胃病带来的痛苦，所以想要在燕子矶自杀。而当他看到这两块木牌之后顿时醒悟，勇敢地走向了属于他的人生之路。

"想一想""死不得"告诉我们，不要有轻生的念头，要学会珍惜生命，在活着的时候为了正义的事业去奋斗。

九华山公园里为什么会有三藏塔

九华山公园位于南京市太平门内西侧，因山南小九华洞而名，北临玄武湖，东接龙广山（即富贵山），与钟山形断脉连，山形狭长，顶呈平行，状如覆舟，古称"覆舟山"，曾是六朝皇家御园。其后曾改名"真武山"（因其临真武湖，即玄武湖）"龙山""玄武山"等。又因山南山麓建有小九华寺，遂亦名"小九华山"，简称"九华山"。

三藏塔

南朝时，覆舟山香火鼎盛，除小九华寺外，山下曾建有青园寺、法轮寺、青园尼寺。宋元嘉年间（公元424—453年），高僧竺道生来青园寺居住、修行。其年夏雷震寺中佛殿龙升于天，光照西壁，青园寺遂改为"龙光寺"。时人叹息："龙既已去，生必行矣。"

由于覆舟山地理环境优越，早在东晋时期就在山南建起了中国第一座皇家建筑——北郊坛，辟有药圃，种植芍药供宫迁用药。宋文帝刘义隆于元嘉年间，将药园垒、西池、北郊坛合并，辟为乐游苑，成为六朝盛极一时的皇家园林。

南朝时期，一些文人和贵族曾禊饮于乐游苑，著名文人鲍照、颜延之、谢灵运、范晔、沈约，以及唐代的大诗人李白等曾在此赏景，留下了绮丽的诗篇。"息雨清上郊，开云照中悬。游轩越丹居，晖烛集凉殿。凌高跻飞楹，追焱起流宴。抵苑含灵群，岩庭藏物变。明辉烁神都，丽气冠华甸。目远幽情周，醴洽深恩遍。"鲍照的这首《侍宴覆舟山诗》，便是当时皇家园林内歌舞宴乐的写照。此外，著名的科学家祖冲之，曾在乐游苑内装置过精巧实用的水碓磨，创制了使用机械开动的"日行千里车"，改造了古代的指南车。

也因为覆舟山地理位置重要，西边紧邻皇宫，东面是战略要地龙尾坡（今富贵山），同为宫城屏障，军事要隘，故成为兵家必争之地。东晋时这一带曾发生过数次重大战役，有苏峻之乱、桓玄篡晋、侯景之乱，以及隋兵渡江伐陈。作为皇家园林的乐游苑在战乱中遭遇焚毁。

隋唐宋元以降，覆舟山风光不再，昔时的胜景，成了人们谈论、追忆的话题。

民国时期，九华山再次成为人们关注的焦点。1942年初冬，日本侵略者在雨花台大报恩寺三藏塔遗址挖到一石函，记载了唐代高僧玄奘顶骨舍利来南京安葬的经过。日军想占为己有，在南京人民的抗议下，日军将玄奘部分舍利归还给南京人民，1943年年底，汪伪政府在九华山上建了一座砖塔，供奉玄奘的顶骨舍利，得名"三藏塔"。

历史变迁，到了1949年前后，九华山已是一片凋零，"楼台荒废难留客，林木飘零不禁樵"。南京市人民政府为了保护风景园林、名胜古迹，在九华山上广植树木，1956年辟为九华山公园。

白马石刻公园里面全是石马吗

白马石刻公园位于南京市玄武区，全国重点风景名胜区——钟山风景区的湖、山结合部，占地500余亩，这里与新落成的国际会展中心、太阳宫形成一条气势非凡的环湖景观带，最能体现南京山、水、城、林融汇一体的特色。南京市于2000年投资数千万元，兴建以古代"石刻"为主题的白马石刻公园，将部分散落的石刻文物收集到公园中，向世人集中展示南京深厚而独特的石刻文化。

白马石刻公园里的石马

南京白马石刻公园是中国首家以石质雕塑文物为展览主题的艺术公园，游客如云，人们来此循石刻文脉，解读六朝古都的悠久历史。

公园主题为"石刻"，充分结合了区内人文景观和地势地貌，集中展示了一大批原散落于南京四周、不利于保护和展示的珍贵石刻文物，并精心运用碧桃等植物造景，适当以园林小品点缀，是一座融知识性、休闲性为一体的公园，是既有浓郁历史文化氛围又有鲜明现代气息的大型城市风景园林。古人云："鸢飞戾天者，望峰息心；经纶世务者，窥谷忘返。"清新的自然能使人躁动的心灵安静下来，宠辱俱忘；白马公

园的石刻精华同样能荡涤人们满身的疲惫。白马石刻公园是紧密联系中山陵和玄武湖的纽带，让整个钟山风景区更加和谐统一，湖光山色交相辉映、雄秀兼具，如果您在闲暇之余到此一游，您会发现，白马石刻公园果然名不虚传，这里会令您赏心悦目，流连忘返，沉浸在绿色环抱的享受之中。

"白马"之称谓源自东汉末年秣陵尉蒋子文的神话传说。据《搜神记》记载，蒋子文，广陵（今扬州）人，汉末为秣陵尉，追逐强盗至钟山脚下，战死。东吴初年，有官员看见蒋子文在大道上乘坐白马、手执白羽扇、侍从左右跟随，和生前一模一样，皇帝于是为蒋子文立庙堂，并将钟山改名"蒋山"。白马村、蒋王庙遗迹从此作为地名保存至今。

其次，白马石刻公园还是国内首家以石质雕塑类文物为展览主题的艺术公园。它构思新颖，主题鲜明，内容独特，展示了古都南京丰厚的文化资源和独具的文化风貌，反映了不同时代石刻艺术与文化的积淀。公园建设者将古老珍贵的文物与天造地设的自然环境相结合，表明这座公园凝聚了中华民族先人与当代南京人民的聪明才智，具有永久的文化、历史、艺术和科学价值。

南京白马石刻公园迁入石刻100多件，其中六朝时代的石龟2件，宋代神道石人、石马4件，其余大多为明清石刻，代表了从宫廷到民间，从宗教到民俗，从住宅到陵墓的不同品种、不同造型，上起六朝，下至明清，几乎包括了近两千年的石刻艺术历程。

南京的民俗特色

南京作为六朝古都,集合了不同地区的文化特征,形成了其独有而丰富的民俗特色。南京拥有一百多项市级以上的非物质文化遗产项目,集中体现了老南京人的生活、习惯及风俗。从中,游客们可以深刻地体会到老南京的独特韵味,领略南京的文化内涵。下面我们就一起来了解吧。

南京人的节日习俗

"掸尘"是老南京人独有的习俗吗

老南京人在过春节之前有个习惯,喜欢干干净净地过春节,年前一定要把家里彻底打扫一遍,老南京人把这个习俗称之为"掸尘"。其实,掸尘是汉族的一种传统习俗。南京人自然也不例外。

过去,南京的宅子都是砖木结构老式房子,房梁及横梁上的灰尘非常多,需要借助鸡毛掸子捆在竹竿上掸灰。还要把屋里屋外、门窗墙壁、衣物家什、坛坛罐罐擦洗干净,这是

除旧布新图

一个不小的工程。把家里的卫生搞好,一是为了迎接佳节的到来,亲朋好友来访时显得光鲜亮丽;二是春节过去之后,天气会逐渐回暖,可以借用这个机会来消灭越冬的蚊蝇害虫。到了现在,人们的居住条件虽然得到了改善,打扫也变得比较容易,但这个良好的习俗却一直流传了下来。那么,您知道"掸尘"是老南京人哪天的习俗吗?

"腊月二十四,掸尘扫房子;腊月二十五,扫屋掸尘土;腊月

二十六，清理门院落；腊月二十七，里外洗一洗；腊月二十八，家什擦一擦；腊月二十九，杂土都搬走。"这是南京曾经流传的一个"掸尘"谚语，据老南京人说，从腊月二十四开始，家家户户就要忙活起来，开始"掸尘"。因为"尘"与"陈"谐音，所以老南京人就把"掸尘"寓意成"除陈布新"，意思是在新的一年把晦气全部清理干净。这个习俗也代表了老南京人破旧立新的愿望和祈求。所以老南京人"掸尘"的时候，脸上洋溢着一种喜庆的欢乐气氛。

老南京贴春联的习俗与朱元璋有关吗

春联，又被称为春贴、门对子，是为了庆祝春节而用红纸书写吉祥的语句贴在门上的对联。根据史料记载，战国时期民间就有人把神话故事中的降鬼大师"神荼"和"郁垒"的名字刻在木板上，然后将木板悬挂在门头上，希望可以用这种方式来达到辟邪的作用，被命名为"桃符"。到了五代，蜀国人把这木板上的名字改为了联语。而真正用大红纸书写春联是从明朝开始实行的，那么这跟朱元璋有关系吗？

明朝开国皇帝朱元璋，有"对联夫子"的美称，他是春联的爱好者，不仅提倡百姓贴春联，而且还会亲自创作春联。公元1368年，朱元璋在金陵建都，同年的除夕，他为了庆贺开国之喜，下旨让百官及百姓家的大门上都要贴上一副对联。据说，到了大年初一，朱元璋微服私访到了民间，在秦淮河边上看到一户人家的大门上什么也没有，当即脱口而出："双手劈开生死路，一刀割断是非根"的对联，之后就命人书写并贴在了这户人家的门上。从这个时候开始，过年贴春联的风俗变得更加兴盛了。

老南京人过春节贴"福"字是因为马皇后吗

春节,在春联上一般写的是对新年的期盼祝颂词句,其中最为常见的是"福"字。

"福"代表的是"福运""福气"。更有意思的是,每到过年的时候,老南京人总是会在大门及房门上贴上倒立的"福"字,寓意的是"福到门庭"。如今过年贴"福"字给人们添加了很多兴旺欢乐的喜庆气氛,寄托着人们在新一年里的期望。那么,您知道贴"福"字这个习俗是怎样兴起的吗?

新年贴福

相传,朱元璋在南京称帝之后,有一年除夕,他来到民间微服私访,当他路过一个小集市的时候,看到很多人围着一幅漫画观看,这个漫画上画着一女人,而这个女人有着一双巨大的脚丫,她怀里还抱着一个大西瓜。朱元璋看后气坏了,因为他的结发夫妻马皇后是淮西人氏,并且有着一双大脚,所以他认为这幅漫画是在取笑马皇后。朱元璋回到宫中之后,马上命人去调查这幅画是谁所画,又有哪些人上前围观。他们对那些没有去围观的人,就在他们家的大门上贴上一个"福"字。过了几天之后,官兵就到没有贴"福"字的人家捉人。就这样,人们每次在春节之前总会贴上一个"福"字,希望可以平安过年。

老南京人是如何过"除夕"的

一年中的最后一天被称为"岁除",那天晚上叫做"除夕"。过

"除夕"在春节中是一个重要的项目,充满了喜庆和欢乐,家里有小孩的更是充满了乐趣,在南京也是一样。那您知道老南京人是怎样过"除夕"的吗?

在除夕,老南京人往往会通宵不眠,被称为"守岁"。年三十的晚上,人们都会提前做好晚饭,将家里前后门都封住,全家老小一起祭祀祖先,祈求祖先保佑家人能够平安度过除夕夜,然后再一块吃年夜饭。吃过晚饭之后,全家人都不睡觉,围坐在一起聊天。并且除夕夜当晚每家每户都是灯火通明,通宵守夜,象征着在旧年的最后一晚用光照把所有的邪瘟以及病疫全部驱除,希望在新的一年里能够吉祥如意,身体健康。

南京人是如何拜年的

过了除夕夜,新的一年就来了。在这新的一年开始,人们的首要活动就是拜年。拜年是春节中的重头戏,也是体现社会和谐的重要活动。我国有很多不同的拜年习俗,而南京人的拜年方式也是其中的一员。

在南京的大年初一早晨,人与人见面之后会相互拱手说一些吉祥的话,如新年快乐、恭喜发财、新年大吉等。而拜年的时间主要集中在初二到初五,在

新春拜年

农村,整个正月里都可以拜年。有意思的是,南京人拜年是有次序的,如学生拜师长、下属拜上级。亲戚间拜年也很讲究次序,先要拜外公外婆,然后是舅父,再者是岳父岳母及叔伯。

拜年可以联络亲朋间的感情,是一种礼仪往来,所以南京人对拜年

这件事特别上心。亲友见面的时候,晚辈应该主动抱拳问候,然后说恭喜发财。南京人非常热情好客,当有人上门拜年的时候,他们会拿出糖果瓜子、松子茶、炒米团、元宝蛋等来款待客人。拜完年之后,客人就会告辞,再赶往下一家。

而南京人的拜年礼品一般是四样,被人们称为"事事如意"。在20世纪四五十年代,老南京人的拜年礼品已经形成了一种规范,大多都是桂圆、蜜枣、核桃仁、四色糖等,还有名扬海外的板鸭或盐水鸭。

拜年是孩子们最喜欢的一个项目,因为可以拿到压岁钱。在南京,有的人家是吃过年夜饭之后,长辈把压岁钱发给晚辈;有的人家是当孩子们睡着之后,长辈把压岁钱放到他们的枕头底下,等孩子们睡醒后就会发现一个大红包;更多的家庭是把孩子们集中在一起,然后集体祝长辈们新年快乐,列队跪拜,然后就可以伸手要压岁钱了。

老南京人春节为何要炒"元宝菜"

老南京人在过年的时候对于"吃"这方面非常讲究,做的饭菜一定要美味,而且在美味的基础上也包含了很多吉祥的寓意,充满了对新年的期盼和向往。

"元宝菜"是老南京人在过年的时候要炒的一道素菜,也叫"炒什锦菜",老南京人一般会选择十种菜,寓意着"十全十美",也可以选择炒十二种或者十四种,一定要配成双数,这样才有"吉祥"的寓意。

新春拜年

老南京人在炒"元宝菜"的时候,为了讨"吉祥"的口彩,往往会把孩子叫到身边，在炒菜的同时，用锅铲指着这几种菜，就像脑筋急转弯一样，让孩子想出吉祥的词语。如藕、笋，就可以说"通顺"；黄豆芽、豌豆叶，就可以说"如意平安"；豆腐干、香干，就可以说"富贵平安"等。在炒元宝菜的时候也讲究一定的次序，炒第一个菜的时候通常会选择黄豆芽，因为豆芽在南京也被称为"如意菜"，寓意着在新的一年里"万事如意"；最后一锅要炒胡萝卜丝，寓意着在新的一年"一红到底"。以前老南京人用大瓦盆装菜，现在可以选择用大脸盆，寓意着"家有聚宝盆，万事不求人"。"元宝菜"因为炒的量比较大，所以可以吃到正月初十。

南京人过年为何要吃年糕

年糕，因为谐音"年高"，再加上口味变化多端，所以就成了家家必备的食品。据说在过去，年糕是在除夕夜时祭祀神灵、供奉祖先时所用，之后才慢慢转变成春节食品。到了新年的大年初一，人们都会吃年糕，寓意"年年高"的意思。它的样式有很多种，如方块状的黄、白年糕，它们就好比黄金、白银，这是取"新年发财"的意思。而南京人过年吃年糕除了讨一个吉利之外，还有着这么一个故事。

相传春秋战国时期，伍子胥辅助阖闾在吴国称王，并且帮助他处理国家大事，吴国的实力越来越强大。但是到了后来，阖闾志得意满，为了在百姓面前显示他的功德，命令伍子胥建造一座"阖闾大城"。后来，这座城池建造好之后，阖闾非常高兴，把百官全部召集起来摆宴庆功，只有伍子胥非常失落。伍子胥回府之后，对他的随从说："在我死后，如果国家有了灾难，百姓没有粮食，你可以到相门（苏州六大城门之一）城下掘地三尺取得粮食，可以救百姓们一命。"后来，阖闾驾崩,夫差继承了王位,伍子胥建议吴王拒绝越王勾践的求和而遭到嫌弃,之后夫差更是听信谗言,将伍子胥赐死。伍子胥死后,吴王夫差果然被越王勾践打败,吴国灭亡。

吴国灭亡之后,百姓没有粮食可以食用,到处都是饿死的人。这个时候,伍子胥的随从想起了伍子胥生前的嘱咐,于是就领着百姓们到相门城下掘地,之后发现城门下的城砖并不是泥土制成,而是用糯米做成的,就这样,这些"糯米砖"解救了全城的百姓。

南京人民敬仰伍子胥忧国忧民的精神,为了纪念他,在春节这一天,南京人都会以吃年糕来表示对他的怀念。

老南京人正月初一早上为何要喝屠苏酒

在南京,大年初一早上有一种特殊的习俗,那就是要喝屠苏酒。您知道为什么吗?

根据王安石在《元日》中所写"爆竹声中一岁除,春风送暖入屠苏"。那么"屠苏"到底是什么呢?根据《通雅》中记载"大叶似蒿者",可以把"屠苏"解释为一种药草。而按照南朝时期梁国人士沈悦编著的《俗说》中的解释,"屠苏"指的是一个隐士所居住的草房。据说,这位隐士在每年的除夕夜都会给街坊邻居送上一副草药,让他们把这副药吊挂在井中,到了大年初一的早上取出来,然后装在酒壶中,温热之后就可以饮用,能够达到祛除瘟疫、强身健体的效果。到了唐代的时候,药王孙思邈研制出一种屠苏酒方,后来这个酒方就在南京流传了下来。这个酒方在《金陵岁时

屠苏酒

记》中就有记载,所以千百年来,南京人一直都在饮用。

大年初一的早上,南京人都会喝屠苏酒并且还保留着一套传统的习惯,就是面朝东方,且年少的先喝,年长的后喝,寓意着在新的一年"旭日东升,蒸蒸日上"。

老南京的春节中有哪些有趣的民俗

过去南京人住房简陋,老鼠很多。因为老鼠容易传播疾病,人们为了把老鼠们送走,就衍生出了"嫁鼠女"的民俗。据说,到了除夕晚上,老南京人会把米团、瓜果等食物洒在床下、屋角、门楣等地方,让老鼠搞个"婚礼",把它们的女儿嫁走,通过这种方式送走老鼠,达到家中安宁的目的。根据《金陵岁时记》中记载,古时候南京人还有一种方式用以消除家中的鼠患,就是在除夕时祭拜老虎,意思是可以把"猫"迎到家中,这样就可以消除鼠患了。

根据《岁华忆语》记载,老南京人在除夕夜的时候还要"祭井"。过去除夕夜时人们要拜祭自己家中水井中的井神,而且要储存大量的水,然后用红纸条封住井口,等到大年初一的晚上拜祭井神之后才能重新使用。

《岁华忆语》中还提到,在除夕夜时老南京人还有"聚财"的习俗。意思是说人们在除夕夜守夜时扔到地上的瓜皮纸屑不可以清理出去,一直到来年的大年初四都不可以打扫卫生,其间产生的垃圾只能够扫到墙角,不能够扔到房门外,甚至连茶水也不可以乱倒,而是要倒进盆桶中,这叫"聚财"。

这些就是老南京春节中的一些有趣民俗,是南京历史文化中不可或缺的一部分。

老南京人是如何"送灶"的

从古至今,灶王爷一直被人们视为"家神",掌握了一家人一年来的是非善恶,灶王爷被送走之后会向玉皇大帝汇报这家人的情况,关系到来年的气运和吉祥祸福。所以人们对"送灶"的仪式虽然没有像除夕祭祖、元旦祭拜天地那样隆重,但是也会认真对待。

在南京,每年送灶前十几天的时候,香烛店就已经开始出售送灶时人们所需要的物件了,食品店也开始出售用来送灶的专用元宝糖。那么,您知道老南京人是如何"送灶"的吗?

灶王爷画像

过去的南京"送灶"时间有着严格的规定,在《岁华忆语》中也有记载"军三民四龟五","军三"指的是军人的家庭在腊月二十三的晚上进行"送灶"活动;"民四"指的是老百姓的家庭在腊月二十四晚上进行"送灶"活动;"龟五"指的则是乐户、优伶等家庭要在腊月二十五日"送灶"。

如今,"送灶"的习俗已经不是这么统一了,讲究和说法也没有那么严格了。南京有句俗话叫做"男不拜月,女不祭灶",所以老南京人"送灶"一般不用妇人。"送灶"当天,老南京人都会把家里的灶台和锅碗瓢盆等厨房用具收拾得干干净净,然后再贴上一副吉祥的对联,摆上祭品,祭品一般是两碟菜和元宝糖,然后把香烛点上,再给灶王爷烧上纸钱、纸马和纸梯,把灶王爷的神像揭下来,最后把神像烧掉,这就是送灶王爷上天了。

"初八上灯，十八落灯"是怎么形成的

在南京，元宵节点灯是一项非常重要的活动，关于点灯还有着这么一句俗语，即"初八上灯，十八落灯"。

据专家所讲，南京上灯的时间相对于外地来讲是很早的，唐代时期，上灯的时候是正月十三到正月十六，南宋时期变更为正月十三到正月十八，直到明朝定都南京之后，朱元璋为了显示江山的繁荣昌盛，就把上灯日提前到了正月初八，所以南京就形成了"初八上灯，十八落灯"的传统。之后明成祖朱棣把都城迁到了北京去，所以这个风俗没能传到全国，仅在南京流传了下来。

上灯期间正月初八、正月十三和正月十五这三天叫做"灯节"，三天分别对应的是上灯日、试灯日和正灯日，而其他的日子叫做"灯期"。南京放灯的习俗非常兴盛，清朝时期就已经有了三处灯市，即评事街、夫子庙和笪桥。当时，扬州及苏州的灯市也非常不错，但是现在都渐渐衰退了，无法跟南京相比。

在明朝时期，到了初八，南京每家每户都会点着灯，带着孩子在街上转，就好像天上的星星掉落在了人间，一副太平盛世的景象。到了现在，它俨然成了老南京人的狂欢节，这一天人们都会走到户外赏灯。

老南京人是怎么送财神的

财神是掌管财源的神仙，一共可以分为两大类，一类是指道教赐封，另一类是指民间信仰。其中，道教赐封的一般是天官上神，而民间信仰的则是天官天仙。需要注意的是，道教赐封的并不称为财神，只是在他们的官职上加封神明。

目前，我国民众供奉的财神主要有七位，分别是：端木赐、范蠡、

管仲、白圭、关公、比干、赵公明。因为财神在神话故事中掌管着民间的财富,所以人们对于祭财神非常重视。老南京人一般都是在正月初五祭财神,更有意思的是还有送财神的习俗,那您知道他们是怎么送财神的吗?

在过去,老南京人在正月初五的早晨要敬财神,希望在新的一年中财神可以保佑自己获得财富,再之后就是送财神了,由一个人扮成财神爷的样子,在自己的头上戴上乌纱帽,嘴上挂上假胡须,身穿大红袍,脚穿大官靴,手上拿着树枝,在树枝上挂着几串铜钱,身后面跟着敲锣打鼓的人,挨家挨户地去发财神像。到了人家之后,领头的人唱,剩下的人应和,唱的是:"摇钱树,嗨!进门来,到!前门滚珍

送财神表演

珠,好!后门滚玛瑙,要!金银财宝滚进来,恭喜老板大发财!"这个时候,这家的主人往往会乐呵呵地把财神像接过来,然后给些赏钱。到现在,这种习俗仍然在南京市城郊区流行。

正月十六的"爬墙头"有何寓意

在中国正月十六,很多地区都有登高的习俗,而老南京人则有着"爬墙头"的习俗。在南京对于正月十六一直流传着一句谚语,即"正月十六爬墙头,踏太平,走百病",意思就是说在正月十六这一天,只要人们"爬墙头"就可以祛除百病,寓意着人们在新的一年里身体健康。根据史料记载,南京"爬墙头"的习俗在明朝晚期的时候就已经存在了。

老南京人立春时为何要吃萝卜

立春是二十四节气中的第一个节气,在我国三千年前就已经存在迎春的仪式了,而老南京人对于立春也相当重视,有一种说法叫做"立春大如年"。

老南京人对于立春的各种习俗总是难以忘怀,而立春吃萝卜就是其中的一项,被称之为"咬春"。根据《明史宫·饮食好尚》记载,立春之时,无贵贱皆嚼萝卜,名曰"咬春"。老南京人说,在过去立春的时候,家里即使再穷也要买个萝卜给孩子咬春,图个吉利。在南京,还流传着一种说法"萝卜上市,医生没事",它的意思是说人们在立春的时候多吃点萝卜,一年都不用去看医生了,意味着身体健康。南京是一个盛产萝卜的地方,尤其南郊地带更是有名,立春时节正是萝卜鲜嫩的时候,汁水甘甜,生吃非常爽口。

南京人是如何过清明节的

清明节,始于周朝时期,距离现在已经有2500多年的历史。它是一个非常重要的节气,清明到来之后,气温开始回升,是进行春耕春种的大好时节。在我国,有很多关于清明节的习俗,这个节日既包含了生死离别的悲酸泪,也包含了各种有趣习俗的欢笑声,是一个矛盾且富有特色的节日。那您知道老南京人是如何过清明节的吗?

据老南京人说,扫墓祭祖在清明的各个习俗中还是占有很大比例的。老南京人把扫墓叫做"上坟",清明前后,南京城南郊的山路上就会有很多人,提着"上坟"需要的东西,到墓地挂纸,培上新土。而老南京人祭祀祖先的菜肴也非常讲究，必须是一荤二素，另外再加点木耳和一块煮熟的肥肉以及刀头肉来孝敬山神。

放风筝也是南京人喜欢在清明时节进行的活动之一，晚上放风筝的时

美丽的河灯

候在拉线上挂上彩色的小灯笼，放飞到天空之后好像闪烁的星星，非常漂亮，人们把它称为"神灯"。

南京人也非常喜欢在清明时节放河灯。荷花出淤泥而不染，有着"圣洁"的美誉，因此，在清明时节所放的河灯大都是荷花样式。而南京市民大多选择在秦淮河的白鹭洲公园、东水关或中华门城堡等地方码头放河灯，用这种方式来追思故人。

南京的清明习俗除了祭祖、放风筝、放河灯之外，还有"插柳"的习俗。南京一直流传着两句关于清明插柳的谚语，即"清明不插柳，死后变黄狗""清明不戴柳，红颜变皓首"。

这就是南京人过清明节时所进行的活动，在保留传统节日文化元素的同时，也向它注入了新的元素，从而让清明节一代代地传承下去。

老南京人为什么要在端午节当天把娃娃装扮成小老虎

端午节为农历五月初五，又被称为端阳节、五月节、午日节等。现在端午节已被定为我国的法定节假日之一，并且被列入了世界非物质文化遗产名录。在我国，端午节有吃粽子、赛龙舟、喝雄黄酒、挂蒿草等习俗，老南京人在端午节当天还有把娃娃装扮成小老虎的习俗，您知道这是为什么吗？

老南京人在端午节之前就会为孩子们缝制老虎皮，如虎头鞋、虎头帽及虎头衣，到了端午节那天给孩子穿上，然后按照老虎的样子，用毛笔蘸着雄黄酒在孩子的额头上写一个"王"字，这样孩子们就变成小老虎的模样了。据老南京人说，这个习俗是因为端午节之后天气渐渐变热，孩子们容易生病，一些毒虫，如蛇、蜈蚣、蟾蜍、蜥蜴等，容易伤害不懂事的小孩子，于是家里的长辈们为了让孩子可以抵抗外来细菌和害虫的侵害，便为他们缝制这些衣物，把他们装扮成勇猛的小老虎。有的家庭还会在缝制老虎帽的时候，在耳朵上绣上一些小毒虫，并且在老虎鞋或者老虎衣里缝进一些气味浓重可以驱虫但是对人体无害的中草药。

小老虎鞋

除此之外，老南京人还会在端午节当天把蒜烧热之后给孩子捂肚子，目的是为了孩子不拉肚子，肠胃健康。

"玩月桥"是老南京人哪个节日的风俗

中秋节与春节、端午、清明并称为我国四大传统节日。它在2006年被国务院批准列入第一批国家级非物质文化遗产名录，在2008年被定为国家法定节假日。据史料记载，在周朝时期，就有了"中秋"一词的记载；到了唐朝，中秋的各种习俗更是被文人雅士们所重视，而且已经成为固定的节日。而"玩月桥"便是南京中秋节的风俗。

明朝初年，南京有望月楼、玩月桥以及朝月楼，都是游人在中秋时赏月的地方，其中游玩月桥最为兴盛。玩月桥位于夫子庙秦淮河南，是旧院所在地。在玩月桥旁就是名妓马湘兰的宅邸。当时南京城中很多风流雅士,因为仰慕马湘兰而纷纷来到玩月桥头,在这里赏月赋诗、笙箫弹唱。后来明朝灭亡,玩月桥也逐渐衰落。根据周雪客的秦淮古迹诗所云:"风流南曲已烟销,剩得西风长板桥。却忆玉人桥上坐,月明相对教吹箫"。

老南京有什么婚嫁习俗文化

在古代,婚嫁前男女双方必须由媒人牵线,如果女方家同意,就会将女孩的生辰八字写在庚帖(八字帖)上,装进大红封套里,再放入用红绿丝线系着的太平钱、福宇钱各一枚,象征着太平、幸福,牢牢拴住姻缘的美意。最后,在封套面上再写上"天作之合"四个字。

收到庚帖后,男方请媒人向女方口头求婚。得到应允后,男方就选定良辰吉日,将"吉期红帖"及彩礼送至女家,征求同意,称为"行礼"。女方答礼,称为"回盘"。回盘中,一定要有未来儿媳为公婆亲手做的衣服、鞋子,以表示孝敬,称为"公针婆鞋"。此外,还必有"三带":腰带、钞带、袜带,寓意"代代相传"。

庚帖

未入洞房前,新郎与新娘是不能相见的。婚礼头天,男方会在家里摆几桌暖房酒,请的是男方的亲戚朋友。晚上需要有个小男孩来压床,通常是男方亲戚的小宝宝。新婚床当晚只能由新郎与压床的小宝宝睡。新婚床下面会放红枣、花生、桂圆、莲子,寓意"早生贵子"。

婚礼当天,男方家抬轿至女家,新娘才起身,沐浴更衣,请全福太太(父母公婆健在、丈夫健在、儿女双全的妇人)梳妆打扮,用彩巾蒙面后,新娘由其父兄抱上轿。

新娘到男家门口,脚不沾地,用毯铺地,由人迎接。然后再改为米袋铺地,取"接代"吉祥之意。而后行拜堂之礼。新郎新娘入洞房后,由伴娘搀扶着盘膝坐于床头,男东女西,任人调笑,不言不动,称为"坐富贵"。

新婚后第一天,新娘洗漱后拜见公婆,公婆赠送见面礼(饰品或银钱)。然后再挨着拜见家族中的长者和宾客。与平辈、小辈相见作揖即可,并互赠礼物,称"行团圆礼"。中午,公婆坐北朝南,新婚夫妇朝北坐,其他家人东西陪席,同桌吃饭,称为"吃团圆昼饭"。

中午后,新郎领着新娘回女方家拜访岳父母等女家长者,送糖、茶叶、桂圆等礼物,称之为"双回门"。女方父母和长者会给新郎见面钱,接着宴请新女婿。返回时,岳父母也会送点糕点果品,意为"送荣归"。

新婚后第三天,新娘的父亲及叔伯、兄弟等都会到男方家走亲。新郎父亲亲自出门迎接,进屋后由新娘出来拜见,然后设宴招待,称为"会亲"。到此,婚嫁礼仪全部完成。

如今,人们的生活节奏快了,南京流行的婚嫁文化比起古代要简化许多。在婚嫁日期上,由双方家中长辈来选择"黄道吉日"作为婚期。在办婚宴的时间上,南京人的婚礼在晚上。在婚宴开始之前,会举行一个隆重的婚礼仪式。

现在的婚礼通常就一天。分四步:上午迎娶新娘;下午到公园拍"风光片";晚上举行婚礼仪式;婚宴后闹洞房。新郎一定要在当天中午将新娘接回,接到新娘后一般会先到男方父母的住处拜见父母后才回新房。很多人在选择婚车路线时,为了讨个口彩,往往会走"太平路",过"太平门""富贵山"等。

南京人的休闲娱乐

听南京白局真的不花钱吗

　　南京白局戏剧曲种起源于南京云锦织锦机房，它是用南京方言演唱的俗曲、小调、民歌，所唱的曲子以苏南、苏北以及安徽小调为基础，又融合了南京秦淮歌妓弹唱的曲调。因为南京白局曲种融合了很多曲种，唱腔更是丰富多彩，所以又被人们称为"百曲"。

南京白局表演

　　当初，南京白局只是自娱自乐，之后渐渐发展成了南京独有的一种曲艺曲种。"白局"意思就是"白唱一局"，所以白局演唱者不会收取任何费用，又因为白局出自南京，所以被称为"南京白局"。

　　南京白局是南京唯一的古老戏剧，已经有了六百多年的历史。明朝时期的南京是一个非常重要的城市，最初是明朝的京师，之后是留都，而南京云锦在当时是非常兴盛的。当时，织锦机房非常高，而织机也非常高，一个织机需要两个工人，一个坐在顶上，被称为"拽花工"，而另一个坐在下方，称为"织手"。这是一个要求非常高的技术活，并且在工作的时候非常枯燥，工人为了缓解这种枯燥,就会在工作的时候唱一些小曲或者方言调子,这些调子的题材大多比较轻松、诙谐,他们就用这种方式来自娱自乐。这样,随着织锦工人的代代相传,就演变出了南京白局。

清末民初,织锦业逐渐没落,南京白局也慢慢衰败。新中国成立之后,南京市人民政府为了挽救它,成立了由白局老演员为骨干的南京白局剧团,"文革"期间被解散。改革开放之后,南京市人民政府再次为挽救这一曲种成立了南京白局艺术团。到了21世纪初,南京白局已经形成了一个较为完整的戏曲体系。

南京白话与传统相声的区别

南京白话,又被称为南京相声,主要流传在南京及周边地区。据说,它兴起在20世纪30年代。当时的南京白话只是单纯的模仿相声,到了后来才慢慢发展成现在的形式。

现在的南京白话与传统相声有着很大区别。它们之间最大的差别是语言不同,南京白话是一种用南京方言来进行说、学、逗、唱的曲艺,而传统相声则必须用标准的普通话来表演;南京白话用的是第一人称,并且演员在表演的时候会成为剧中的人物,"演"重于"说",而传统相声用的是第三人称,"说"重于"演"。

据老南京人说,当初相声艺术从北方传入南京时,由于有着严重的语言障碍,南京的听众对北方的相声反应并不是非常热烈。之后,艺人为了取得南京听众的欢心,一次次地进行改变。

1930年,评话艺人周凤鸣和钱天笑在南京夫子庙附近用南京官话模仿北方相声,受到了南京听众的热烈追捧。后来钱天笑把单口相声曲目也移植了过来,上演了很多著名的段子。随着时间的流逝,南京白话慢慢形成体系，发展成了单口、对口及群口三种形式，在其他城市也有了一定的影响。到20世纪80年代，南京白话已经有了很多代表曲目，如《老相识》《人情债》《太平天国》《红心曲》《包您满意》等，其中《红心曲》在1976年获得了江苏省文艺调演演出二等奖及创作三等奖，《包您满意》在1977年获得南京市职工文艺调演创作及表演一等奖。

扬剧中都有哪些经典曲目

扬剧发源于江苏，是一种在花鼓戏和香火戏的基础上，吸收扬州清曲以及民歌小调，从而形成的一种戏剧。它的原名为"淮扬文戏"，20世纪30年代中期时更名为"淮扬戏"，中华人民共和国成立之后，改名为"扬剧"。它在南京很流行。那么，您知道扬剧中有哪些经典曲目吗？

中华人民共和国成立之后，扬剧有了很大发展，其中《香罗带》《喜娟》《玉蜻蜓》以及《修匾记》红遍了大江南北。

到了现在，根据整理，扬剧的经典剧目有四百多个，还有一些改编过的戏剧一百多个。甚至有的扬剧都

扬剧表演

已经被拍成舞台艺术纪录片，如20世纪50年代的《百岁挂帅》；还有的已经被制成唱片了，如扬剧著名演员高秀英主演的《鸿雁传书》，当时在全国都有一定的影响。除此之外，还有很多优秀剧目，如新编传统戏《包公自责》，还有20世纪80年代的《皮九辣子》以及90年代的《巡按还乡》等。

扬剧中也分生、旦、净、丑四大行当吗

在花鼓戏以及香火戏盛行的时期,花鼓戏中的丑角一直占主导地位,香火戏则重生角。当时,花鼓戏一般都在一些较大的广场上进行表演,开场时都由丑角带领小旦跑台子,并且在演戏的过程中插科打诨。如今,扬剧在花鼓戏以及香火戏的基础上,已经形成了具有生、旦、净、丑各个行当的艺术体系,其中以丑、旦、生为主。

刀马旦角色

扬剧中的丑行表演方式各种各样,比如俊扮丑演、丑扮丑演等。它还分为武丑和文丑,其中文丑都是俊小生的打扮,而武丑演绎的是一个擅长武艺、语言幽默的人物,他们的动作必须矫健,而且要做到念白清晰。不同的丑角在表演上有各自的特点。

旦行表演艺术,既继承了花鼓戏中的表演技巧,还吸收了扬州清唱的特色,可以分为小旦、正旦、彩旦、老旦以及武旦。其中,小旦主要扮演青少年女子,有很多人物;正旦则是扮演贤妻良母、贵妇人等中年妇女,表演正旦唱功非常重要;彩旦可以分为两类,一是刁蛮的妇女,二是善良的妇女,如《三搜店》中的王快嘴一角;老旦扮演的是老年妇女;武旦则是擅长武艺的女性,也分为两类,一是武旦,如《上金山》中的白素贞;二是刀马旦,如穆桂英。

生行表演艺术分为小生、老生以及武生,主要来源于香火戏。其中,小生主要扮演男性青少年,甚至儿童,以文为主,如许仙;老生扮演的主要是中年以上的男性,如杨白劳,非常考验表演者的唱功;武生

则是主要扮演擅长武艺的青年，如武松。

净行表演艺术主要是以气质豪迈的人物为主，如《包公自责》《断太后》中的包公。

扬剧中各个角色行当的表演形式，保持着花鼓戏以及香火戏的很多特点，从昆剧和京剧中也吸收了很多，到了现在自成体系，2006年5月20日被选入第一批国家级非物质文化遗产名录。

现代扬剧的音乐体系是由哪些曲调组成的

扬剧的曲调主要来源于扬州花鼓戏以及香火戏，还有一些从民歌以及其他戏曲剧种中吸收的曲调，现代扬剧的音乐体系主要就是由这些曲调组成的。

扬州花鼓戏的曲调有着节奏明朗的特点，风格多为欢乐、幽默，非常适合刻画一些喜剧人物，它的代表曲牌有很多，如《算命瞎子》中的算命调。花鼓戏的这些曲调都成为了扬剧音乐的重要组成部分。

扬州香火戏主要是用大锣和大鼓进行伴奏的，曲调有三十多种，它们是扬剧音乐的重要组成部分。

除了花鼓戏和香火戏之外，扬剧在其他戏剧和民歌中也吸收了很多曲调。

以上的所有音乐曲调，经过长时间的实践、磨合，现在已经逐渐形成一个完整的音乐体系。直到现在，扬剧已经有很多著名的曲调了。

香火戏是由祭祀神灵发展而来的吗

香火戏，是一种民间戏曲剧种，以前也被称为大开口或者江北戏，它的唱腔及说白带有浓郁的苏北地区朴实的乡土气息。它起源于江苏，在南京非常盛行。在民间，人们为了祈求祛病消灾、风调雨顺、吉庆丰收，会进行一些祭祀神灵的活动，其中的一种就是做"香火"，而香火戏就是在做"香火"的时候所演出的戏，所以香火戏是由祭祀神灵发展而来的。

香火戏

香火戏是由僮子们进行演唱的，所以它又被人们称之为"僮子戏"。在开始的时候，香火戏都是业余演出，由两个或者三个人同台演唱，使用大锣大鼓来伴奏，风格非常粗犷，这也是为什么香火戏又被称为"大开口"的原因了。香火戏中所表演的剧目都是根据神话类书籍改编的，如《秦始皇赶山塞海》《魏征斩龙》等。

南京评话的祖师是谁

南京评话，又被称为"讲评词"，是一种运用南京方言来说讲的评话，它主要流传于南京及其周边地区。南京评话主要讲的是长篇历史，一共分为两派，分别是文派和武派，其中文派又被称为"呆口"，把重点放在说功上；武派则是把重点放在做功上，讲究的是身段。根据史料记载，南京评话在清朝就已经兴起了，那您知道它的祖师是谁吗？

据说，南京评话兴起于清朝乾隆年间，当时的评话艺人童万家是南京评话的祖师。清朝末期，南京评书非常兴盛，在南京及其毗邻地区很流行。它的主要剧目有《水浒》《岳飞传》《三国》等，其中也穿插了很多南京地方色彩，如风土人情、历史典故等。

到了现在，南京评话渐渐衰落，但是还有专业的演员在坚持演出，希望将它作为南京的一种文化继续流传下去。

麻雀蹦的兴起与李自成有关吗

麻雀蹦，是一种民间舞蹈，因为舞蹈的动作主要以模仿麻雀为主，所以被命名为"麻雀蹦"，又因为开始流行的地点在南京市的江宁县方山乡一带，所以也被人们称为"方山大鼓"。

麻雀蹦的基本动作及鼓点一共分为五种，分别是"七五三"、抱窝、展翅、啄稻以及亮翅，在跳的时候，要学麻雀蹦跳的状态，刚开始，两个膝盖要呈半蹲的状态，并且要紧贴鼓身，之后膝部进行屈伸，带动身体上下浮动，然后围着鼓进行前后左右大幅度蹦跳。因为麻雀蹦的整个舞蹈节奏鲜明、活泼热烈，所以经常会出现在各种大型庆典中，深受群众的喜爱。那么，您知道麻雀蹦是如何产生的吗？

相传在明朝末年，一位河南农民带着三个孩子来到方山定居，李自成起义之后，他们为了表示对闯王的欢

麻雀蹦

迎，就搬出鼓一边打鼓，一边模仿麻雀的动作跳舞，后来这个舞蹈就这样慢慢传了下来。

昆曲是"中国戏剧之母"吗

昆曲，中国古老传统戏剧之一，原名"昆山腔""昆腔"。清朝时期被称为"昆曲"，也被称为"昆剧"。它发源于苏州，刚开始流行于

苏州地区,在南京非常流行。据说,朱元璋对昆曲赞不绝口。那么,您知道昆曲被称为"中国戏剧之母"吗?

昆曲表演

昆曲产生于元末明初,被喻为明代四大声腔之一。最初的时候,昆曲被称为昆山腔,只是民间的清曲、小唱,它的流传地仅限于苏州及其周边地区,直到万历年间,才开始往别的地区扩展,如长江以南和钱塘江以北,甚至流传到了北京。就这样,昆山腔成为明代中叶到清代中叶影响力最大的声腔剧种。由于昆曲当时的影响力之大,便有很多剧种都在它的基础上发展起来,所以又被称为"中国戏曲之母",如晋剧、湘剧、川剧、桂剧等都受过昆剧艺术的哺育和滋养。

昆剧有着完整的表演体系,在我国文学史、戏曲史以及音乐史上都占有很重要的地位。历史上有很多著名的昆曲作家以及音乐家,如梁辰鱼、汤显祖、洪升、孔尚任、李煜、叶涯等,他们在昆曲的发展中都有着重要的贡献。

清朝中期之后,因为花部的产生,昆曲开始走下坡路,甚至很多昆曲艺人开始转行表演其他剧种。中华人民共和国成立之后,为了不让这个传统戏剧消失,政府开始大力扶持它,昆曲获得新生。1956年,由浙江昆剧团演出的昆曲《十五贯》在全国产生了很大的影响,从这时开始,昆曲又在全国兴盛起来。周恩来总理曾经说过这样一句话:"一出戏,救活了一个剧种。"

2001年,昆剧被联合国教科文组织列入第一批"人类口头和非物质遗产代表作"名单。

昆剧有着怎样的艺术特点

昆剧有着超绝的艺术魅力，是一个在全国范围内都很有影响的剧种，而它的艺术成就表现在它的艺术特点上。那么，您知道昆剧有着怎样的艺术特点吗？

第一，昆剧的声音行腔。昆剧的行腔以缠绵婉转为主，而且非常优美，对声音的控制非常重要，在速度节奏上还讲究顿挫疾徐。

第二，昆剧表演。昆剧是一种综合艺术，经过长期的发展之后已经逐步形成载歌载舞的表演形式。它的表演具有抒情性强、动作细腻的特点，歌唱和舞蹈结合起来也非常巧妙。其中，在表演身段上有很高的要求，大体上可以分为两种：一是说话时的辅助姿态以及从手势上延伸出来的舞蹈；二是抒情舞蹈，是为了配合唱词发展出来的，舞蹈动作必须精湛，而且要表达出人物的心理、性格，还要表达出曲辞的意义。昆剧的戏剧舞蹈经过长时间的舞台实践，并且从传统的民间舞蹈以及宫廷舞蹈中汲取了很多养分，已经积累起丰富的表演形式。

第三，昆剧的念白。因为昆剧是从苏州产生的，所以它的念白中总会带有吴侬软语的特点，甚至在昆剧的丑角中还会有一些方言的地方白，如苏白极具特色。到了现在，昆剧已经形成了完整的演唱理论。

第四，舞台美术。舞台美术一共分为四个方面，分别是服装、色彩和装饰、脸谱。其中，昆剧的服装既继承了古代传统的服装样式，也发展出了与当今社会相似的服装；脸谱主要用于净、丑两个角色，有的时候也会用于生、旦两个角色，基本上都是用三种颜色，分别是红、白、黑。

这就是昆剧的艺术特点，正是由于这些特点，昆剧才会受到广大观众的热爱。

昆剧共有哪些行当

昆剧从产生到明清时的兴盛,角色行当体制也有许多变化,其中以生、旦、净、末、丑、外、贴七种行当为基础角色。

早期的昆剧因为属于南戏,所以继承了南戏的角色行当,同时在发展的过程中吸收了北杂剧的长处,最终形成了昆剧的基础行当角色。到了后来,除了保持基础七行之外,还增设了小生、小旦、小末、小外以及小净五个行当,一共是十二行。据史料记载,明末时期,把原本"贴"所扮演的老年妇女改成了"老旦",吸收了元杂剧中的分行法,其他的角

小旦

色行当和以前的一样。清朝乾隆年间,昆剧非常流行,它的表演艺术也有了进一步提高,角色行当也有了新的突破,如《扬州画舫录》中就有着"江湖十二角色"的说法,它们共分为三类:第一类是"男角色",分别是副末、老生、正生、老外、大面、二面、三面;第二类是"女角色",分别是老旦、正旦、小旦、贴旦;第三类只有一个行当角色,叫做"杂",负责插科打诨。后来,南方昆剧把小生和旦角作为主要角色,所以这两门又被分为好几类,其中小生被分为大官生、小官生、巾生、穷生以及雉尾生,旦行则被分为老旦、正旦、作旦、四旦、五旦、六旦,而且不同的昆剧支派也有着不同的分类。

清朝嘉庆、道光年间,为了满足艺术发展的需求,昆剧的角色行当在原有的"十二江湖角色"基础上又做出了更细的分工,即以"生、

旦、净、末、丑"作为五大行当，然后把这五大行当再细分为二十个小行，被称为"二十个家门"。

到了现在，传统的昆剧职业班社一般情况下只需要十八个演员，有一些比较大的班社可能会有二十七个演员，只要能够聚齐十个家门，就能演出了，这十个家门分别是净、官生、丑、副、末、巾生、老生、正旦、五旦以及六旦，其中净、正旦、官生、老生是决定演出是否成功的决定性因素。现在，各个行当的表演形式已经成熟，形成了昆曲完整并独具特色的表演体系。

南京的美食及特产

南京美食特产，品种繁多，历史悠久。南京的美食小吃，从六朝时流传至今，已经多达上百种，各种小吃有荤有素，形态各异，丰富多彩，让人叫绝。可以说，到南京不吃小吃等于"白去"。而南京的物产在世界上都是有很大名气的，如"美丽与智慧兼并"的雨花石、状如云彩的云锦等，它们都是国内外游客趋之若鹜的缘由。

南京的美食小吃

南京菜为何又被称为"京苏大菜"

清末时期,南京就出现了"京苏大菜"。所谓京,指的是南京乃六朝古都;所谓苏,指的是南京乃江苏省会。而大菜则是形容菜的高端名贵。因此南京菜就是"京苏大菜"。民国时期,南京菜风靡一时,为当时名流所爱,南京菜几乎等于民国菜。

南京处于江南富庶之地,鱼米之乡,交通便利,物产丰富,自古就是富贵温柔乡。经济的强盛和市场的繁华,大大地促进了餐饮业的发展。物产资源的充足为烹饪提供了便利条件。由此孕育了南京的美食文化。这种美食文化的产生可以一直追溯到春秋战国,伟大的诗人屈原在《楚辞》中就曾大量记载吴楚地区的菜肴。到了六朝,南唐后主李煜派顾宏中考察大臣韩熙载的夜宴,画了著名的《韩熙载夜宴图》,从中可见当时金陵家宴的全景。清代江南才子袁枚,于南京小仓山撰写了一部烹饪巨著《随园食单》,该书于清乾隆年间出版,均以京苏大菜为原型。文学家曹雪芹在《红楼梦》中对于南京的名菜也有详尽的描述。到了民国时期,南京菜更是盛极一时。名门望族在宴请宾客时,都以南京菜为主。

南京菜品种繁多,历史悠久。据统计,600年以上历史的菜有蒸鲥鱼、酥鲫鱼、凤鱼、凤菜心；200年历史的菜有镶丝豆腐、葵花圆子、火腿炖黄芽菜等。传统的名菜有罐罐肉、炖生敲、素什锦菜、炖菜核、八宝一棵松、松子熏肉、扁大肉酥等。

南京菜之炖生敲

"金陵八绝"指的是哪八绝

金陵八绝（秦淮八绝）指南京地区最具秦淮风味的八种小吃。这八种小吃分别为永和园的黄桥烧饼和开洋干丝；蒋有记的牛肉汤和牛肉锅贴；六凤居的豆腐涝和葱油饼；奇芳阁的鸭油酥烧饼和什锦菜包；奇芳阁的麻油素干丝和鸡丝浇面；莲湖糕团店的桂花夹心小元宵和五色小糕；瞻园面馆的熏鱼银丝面和薄皮包饺；魁光阁的五香豆和五香蛋。

为何四季大煮干丝的佐料都不尽相同

大煮干丝又称鸡汁煮干丝，是汉族的一道传统名菜，属于淮扬菜系。其原料主要是方干。淮扬菜系豆腐制品花样极多，大煮干丝就是将方块豆腐干或者豆腐皮切成细丝，下到鸡汤里面。这道菜对刀工的要求很高，所切成的干丝粗细度不能超过火柴棍；再加上火腿、开洋、笋等炖制而成，味道极其鲜美，在江南地区很受人们的喜爱。清代惺庵居士《望江南》一词中就有描绘："扬州好，茶社客堪邀。加料千丝堆细缕，熟铜烟袋卧长苗，烧酒水晶肴。"

清代乾隆皇帝六下江南，到了扬州地界，扬州的地方官员曾呈上"九丝汤"以"宠媚乾隆"。当时的"九丝汤"就是用干丝外加火腿丝、笋丝、银鱼丝、木耳丝、口蘑丝、紫菜丝、蛋皮丝、鸡丝烹调而成的，有时还加海参丝、蛏干丝或燕窝丝。而如今的大煮干丝，比之"九丝汤"，已有了很大的发展，以干丝、鸡丝为主，外加虾仁，配上各种佐料，称为什锦干丝，在色泽和味道上都远超当年给皇上进献的九丝汤。大煮干丝的佐料根据季节不同而有变化，并非一成不变。春季用竹蛏入味，因为海鲜可以增加鲜味；夏季宜脆，就用脆膳丝与干丝同煮，使菜肴干香味爽；秋季江南稻熟蟹黄，就用蟹黄下汤，汤汁金黄，鲜味浓重；冬季天干物燥，就适宜用野菜，添上几丝绿意，滋润嘴唇也滋润了眼球。因此大煮干丝这道菜不像普通菜肴那样只为满足人们的口腹之欲，还要因时制宜，顺应四季的气候，大有讲究。

素什锦中的"什锦"是什么意思

"什锦"一词原本来自"蜀锦"，因为蜀锦天下闻名，宋朝时四川给朝廷进贡的蜀锦有"十样锦"，每种锦都有自己的花样和名字，因此简称为"什锦"。多用来形容同一类型的不同花样。到了20世纪30年代，人们开始把这一名词应用到食物上面。如"萝卜开小会"就是什锦小菜的意思，"什锦果肉果冻"就是把各种水果的果肉混合冷冻而成。

素什锦

素什锦就是将几种食用材料混合在一起，其实就是"大杂烩"的意思。先将绿豆芽去根，把豆腐干、白菜、香菇、猪腿精肉等切成丝。炒的时候先炒肉丝，再加入黄花菜、豆腐干、笋丝、香菇、白菜煸炒，加酱油、白糖、味精、精盐煸炒透，再下绿豆芽、豌豆苗略微炒一下，放入水淀粉炒合，再放入韭芽搅拌均匀，最后淋上麻油。这道菜有增强体力、提高记忆力的作用。适于体弱的老年人和记忆力衰退者食用。

南方地区食用这道菜的范围较广,一般是用黄瓜、胡萝卜、木耳、银耳、鸡蛋、花生、芹菜等。因为胡萝卜含有丰富的胡萝卜素,芹菜可以降血压,木耳可以预防血栓,而花生又是著名的"长寿果",不管做法怎样,都是为了让这道菜既好吃又有营养。

南京的什锦豆腐脑跟其他地方的有何不同

豆腐脑也叫豆腐涝、豆腐花,作为简便好吃又营养的早点,遍布全国各地。许多上班族早上来不及做早饭,一般都在街头小摊喝上一碗豆腐脑。老人们早起晨练完毕,也喜欢喝碗豆腐脑补养身子。

南京也是如此。在南京话里,豆腐脑又称"都不老"。它跟别处的豆腐脑还不大一样,除了一样的色白如玉、清香爽口外,南京的豆腐脑还比较讲究佐料。一般会用虾米、榨菜、木耳、葱花、辣油、香油等十余种佐料,不光颜色变得漂亮,口味也变得更加醇厚浓香了。而且南京小吃喜欢讨口彩,许多店家都在豆腐脑里面加入什锦菜,寓意"前程似锦",这也是其他地方的豆腐脑所没有的。

南京板鸭有何特殊的来历

南京板鸭俗称"琵琶鸭",是南京地区的一道传统名菜,分腊板鸭和春板鸭两种。其外形较干,状如平板,肉质酥烂细腻,香味浓郁,有"板、酥、烂、香"之美誉。

据清朝《江宁新志》记载,板鸭的具体做法是:"购觅取肥鸭者,用微暖老汁浸润之,火炙,色极嫩,秋冬尤佳,俗称板鸭。其汁数十年者,且有子孙收藏,以为业恒。……江宁特产也。"而它最初的来历则与一场战事有关。

相传南朝梁武帝时期，大将侯景起兵叛乱，围困台城。战斗十分激烈，梁朝士兵依城拒敌，连饭都顾不上吃。当时正值中秋八月，肥鸭上市，建康城中的百姓们便将鸭子洗刷干净，加上佐料煮熟用荷叶包好送上战场。有时干脆将几十只鸭子捆扎在一起送阵地。因为八月天气尚热，百姓们为了防止鸭子腐烂，就用盐来腌制。为了方便运输和贮藏，便用夹板将鸭子压扁。后来，人们为了纪念那次战斗，就把挤压成板状的鸭子称为"板鸭"。

南京板鸭有"六朝风味""百门佳品"的美誉，与镇江香醋、苏州刺绣并称为"江苏三宝"之一。美食中素有"北烤鸭南板鸭"之美名。明清时南京就流传"古书院（南京国子监），琉璃塔（大报恩寺塔），玄色缎子（云锦），咸板鸭"的民谣，可见南京板鸭早就名闻海内了。清代的南京地方官员总要挑选质量好的新板鸭进贡皇室，所以又称"贡鸭"。板鸭因为易于保存，朝廷官员在互访时也常以板鸭为礼品，故又有"官礼板鸭"之称。

南京板鸭

状元豆和状元有什么关系

状元豆是南京夫子庙的特色小吃之一。相传在清朝乾隆年间，南京城南金沙井旁小巷内有一寒素人家，母子二人艰苦度日。儿子秦大士，人穷志不穷，虽然家境十分贫寒，但不忘读书，每天都读到深夜。他的母亲就用黄豆加上红曲米煮熟，盛在一个小碗里，上面加一颗红枣，勉励他好好读书，将来考中状元。后来秦大士一举中了状元。此事一传开，有一些小贩就利用学子想中状元的心理，仿照秦大士母亲的做法，做出类似的豆子,称为"状元豆",在夫子庙贡院附近叫卖,嘴里喊着"吃了状元豆,好中状元郎",引来许多学子购买,生意十分火爆。

状元豆其实就是茴香豆,用黄豆制成。今天南京依然有这种特产,包装上印着"君欲步步高,请尝状元豆"。虽然科举早已废止,状元也永远成为了历史,但状元豆依然存在,代表人们对美好生活的向往。

鸭血粉丝汤到底是谁发明的

鸭血粉丝汤是南京地区著名的风味小吃,由鸭血、鸭肠、鸭肝等加入鸭汤和粉丝制成。南京人十分爱吃鸭子,不仅鸭肉,连鸭内脏、鸭血都能变着花样做成佳肴。南京的很多店面,都能把这些食材的美味发挥到极致。小小一碗粉丝汤,包含了鸭子身上的所有美味。

据说鸭血粉丝汤最早是镇江落第秀才梅茗所创,其所创的鸭血粉丝汤,曾经被晚清著名报纸《申报》的第一任主编蒋芷湘题诗称赞道:"镇江梅翁善饮食,紫砂万两煮银丝。玉带千条绕翠落,汤白中秋月见嫦。布衣书生饕餮客,浮生为食不为诗。欲赞茗翁神仙手,春江水暖鸭鲜知。"给出了很高的评价。

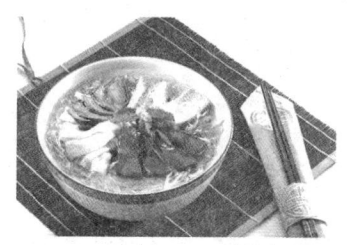

鸭血粉丝汤

不过镇江的鸭血粉丝汤用的是鹅血而不是鸭血,叫"鸭血"是因为顺口。镇江的鸭血粉丝汤多用鹅血,南京的都用鸭血。南京对于鸭血粉丝汤里的食材,选用的是金陵盐水鸭烹饪法制出的鸭肠、鸭肝和鸭肫,因此市面上真正的"鸭血粉丝汤"源自南京而不是镇江。

朱元璋曾经也十分喜食回卤干吗

如意回卤干是南京地区著名的汉族传统小吃。制作过程极其简便,将豆腐果放入鸡汤中与调料一起煮熟,煮至豆腐果松软的时候出锅。这种小吃软绵香甜,深受大众的喜爱。据说朱元璋有一次微服私访时,闻到路边一家小吃店香味四溢,他走上前去,看见店伙计在炸豆腐果,他吃惯了宫里的山珍海味,可还第一次见到这样黄澄澄的豆腐果,不禁动了食欲,就掏出一两银子买了一碗。店主给他端上来,他入口一尝,立马赞不绝口。从此炸油豆腐就成为名贵小吃,流传至今。

因为南京人在烧制时常加入豆芽,而豆芽的形状很像玉如意,所以这道菜被称为"如意回卤干"。

您知道什么是五香蛋吗

南京五香蛋其实就是茶叶蛋,以"魁光阁"的最为著名。制作五香蛋,需选用新鲜的鸡蛋,尤以"头生蛋"为最佳。制作时,先将鲜蛋洗净,放入清水中,加上一点食盐煮熟。然后剥去蛋壳,在鸡蛋上

五香蛋

浅浅地划上几刀,再往锅中加入八角、桂皮、茴香、花椒、酱油等佐料用文火烹煮。时间要长,火要小,以便入味。有的人喜欢吃"老蛋",那就要煮得更长一些。甚至头一天煮好,第二天再回炉,这样的"老蛋"更是别有风味。煮五香蛋时加入茶叶,使鸡蛋香味中含有茶香,也更加鲜美滑嫩。

金陵菜都有哪些名菜

金陵菜是苏菜的四大代表菜之一,又称"京苏菜",偶尔也称作宁帮菜,是指以南京为中心,一直延伸到江西九江的菜系。起源于先秦,

兴盛于隋唐，至明清发展成流派。金陵菜善用蔬菜，以"金陵三草"和"早春四野"最为著名。荤食则以鸭为主，擅长炖、焖等烹调方法。另有金陵鲜，是以虾制成的；金陵草，是以芦蒿制成的。它们都是美食中的珍品。尤其是金陵草，纯用芦蒿杆儿炒香干，除了油盐，什么佐料都不放，入口一股清香。

金陵菜既以蔬菜为主，那么就有常用的十三种菜品，它们分别是荠菜头、马兰头、香椿头、枸杞头、苜蓿头、小蒜头、豌豆头、菊花脑、马齿苋、芦蒿、茭白、地皮菜、二月兰（诸葛菜）。

美人肝是什么菜肴

美人肝是金陵名菜，以鸭胰为主料，辅以鸡脯肉、香菇、冬笋和鸡蛋清炒而成，菜色乳白，味道极其鲜美。

美人肝

这道菜创制于20世纪20年代。当时一名医生预订了一桌酒席，厨师在配菜的时候，因为慌乱而少配了一道菜，等客人清点的时候，再去配菜，发现原料已经用光了。他在厨房里找来找去，看到水中泡着的鸭胰颜色鲜红，非常诱人，于是将其从水中捞出，配上鸡脯肉用鸭油爆炒，没想到味道极好，顾客品尝之后赞不绝口。当顾客询问菜名时，跑堂的见盘子里的菜光润鲜嫩，便随口道"美人肝"，此菜因此得名。

扁大枯酥是一道什么菜

扁大枯酥是金陵的一道传统菜肴，用肉末和米粉加配料炸制而成的扁圆形肉饼，外形焦黄，香酥可口。选用猪肋条肉、鸡蛋黄、肥膘肉、豌

扁大枯酥

豆苗和粳米制作而成，营养丰富。

四味烧饼指的是哪"四味"

南京的永和园始建于清朝光绪年间，有远近闻名的四味烧饼。四味烧饼分别是：鸡心形的松子细沙酥饼、椭圆形的葱花板油酥饼、五角形的芝麻糖油酥饼和圆形的火茸萝卜丝酥饼，这四味烧饼造型美观，色泽金黄，清香爽口，让人吃了回味无穷。

糖粥藕是因小贩的叫卖声而得名的吗

糖粥藕是一道"金陵美食"。每逢入夜，在炒米糖开水、炒元宵、丁当饺子、茶叶蛋等的叫卖声之后，便传来阵阵"糖粥——藕！"的吆喝声。这种粥用糯米熬制而成，粥中放红糖，再加大节藕段，食用时，将藕段切成薄片，拌入粥中，藕呈淡紫色，片为深褐色，米粒则呈淡绿色。这便是南京老幼皆好的糖粥藕。它价钱公道，温凉适中，是很好的睡前点心。睡前来一碗糖粥藕，是很多老南京人的习惯。

糖粥藕

雨花石汤圆有何奇妙之处

雨花石汤圆是一种新创制的南京著名点心，也是汤圆的一种。它因为外形像南京的雨花石而得名。其主要构思是在汤圆的糯米粉团里加入可可粉，使汤圆皮呈现出清晰的雨花石纹理。在制法上又继承"鸭母捻"的技巧，将制好的汤圆皮，分别包上绿豆沙、红豆沙、芋泥和冬瓜册四种馅,并在汤圆上做上不同的记号,有的略圆、有的略方、有的略尖、有的略扁,以便汤圆煮熟后能认出不同的馅料。然后将包好的雨花石汤圆,放入冰糖沸水铜锅内煮熟,加入甜汤即成。

做成的雨花石汤圆非常漂亮,放在水里,透过水的折射,花纹还会呈波浪形不断变化,让人不忍下箸。比之其他的汤圆,雨花石汤圆才是真正的色香味俱全,而且还多了些文化内涵。

为何说桂花鸭曾救过朱元璋的命

南京的桂花鸭其实就是盐水鸭,因在八月桂花盛开的季节制作而得名"桂花鸭"。相传在很久以前,邻省的鸭农都会赶着鸭子来南京贩卖,农历五六月份出发,到南京正是八月桂花开的时候,因为经过长途跋涉,鸭子很健康,精神也抖擞,因此做出的盐水鸭味道也更鲜美。

据传,元朝末年朱元璋打算在江苏、安徽一带起义,计划在月圆之夜行动,暗号为"驱元兵,杀鞑子"。不料消息走漏,元朝统治者截断了各地要道并派人搜查。先从江南地区的核心——南京开始,当时南京老百姓为了保护起义军,就和元朝官兵说这是南京人过八月十五的习惯,家家户户都要"吃月饼,杀鸭子"。元朝官兵信以为真,以为是之前听错了,就撤了兵。就这样朱元璋和

桂花鸭

起义军得以保全,南京百姓用他们的智慧巧妙化解了这场灾难,让朱元璋有机会起义成功。后来朱元璋称帝,为了感谢南京百姓的掩护,便规定中秋节每家每户不仅要吃月饼,还要吃桂花鸭,以纪念此事。

南京的土特产

南京雨花石到底是谁发现的

雨花石是一种天然玛瑙石，也称文石、观赏石、幸运石，主要产于南京市六合区及仪征市月塘一带。它晶莹玉润，色彩斑斓，被誉为"石中皇后"，是世界观赏石中的一朵奇葩。它常被文人雅士投于盂中，盛以清水，置于案几之上，以示高雅。

雨花石生成年代非常久远，在距今250万年至150万年之间，但被发现则是近一千年左右的事情。北宋中期，退居江宁的政治改革家王安石写了以《雨花台》为名的诗文，北宋末年，吏部侍郎卢襄正式为雨花台命名。而直接书写到雨花石的，

雨花石

则是大文豪苏轼。他在被贬黄州的任上，于江中"得美石，与玉无辨，多红黄白色，其纹如人指上螺，精明可爱……既久，得二百九十八枚，大者兼寸，小者如枣栗菱芡……挹水注之粲然"，遂作《怪石供》《后怪石供》，对所集之石从质地、色彩、形状以及如何陈列、鉴赏方面进行了极为细致的描述。据考证，苏东坡所收集的石头，正是今天的雨花

石。而他慧眼识珠，高超的审美品位更是令人折服。此后文人们赏玩雨花石渐渐成为一种风气。

但最初雨花石并不为人所重，据姜二酉《灵岩子石记》记载，牧童过而拾之，玩美俄倾，旋复弃掷。到了后来，则是"吴人在涧旁结草棚以市酒食""贫者日奔走以自给""乡民荷铲而至""斫山斧壑，先期候雨，冲流搜讨""一时蜂涌蚁聚"，这才金贵起来。出现了刻意抬高行情的，囤积居奇的。"寸许石子，索价每以两许"，令人咋舌。到了明清时期，收藏雨花石更是蔚然成风，一时间出现了很多收藏家，并有许多关于雨花石的著作问世。

"雨花石"一名的由来与佛教有何渊源

南朝梁武帝时，佛教在江南地区盛行。所谓"南朝四百八十寺，多少楼台烟雨中"，佛教的盛行，吸引了大批有智慧的僧人来金陵地区讲法。其中有一个和尚叫云光法师。他不论去哪里开坛讲经，听者都寥寥无几，时间久了，不免有点泄气。

一天傍晚，云光和尚讲完佛法，坐在路边郁闷，一边想一边叹息。正在这时，走过来一个讨饭的老婆婆。老婆婆向他要饭，云光自己没心思吃，就把干粮给了老婆婆。老婆婆吃完之后，从破包袱里拿出一双麻鞋，让云光穿上它再去四处传教。并告诉他，鞋子在哪里烂掉，就可以在哪里安顿下来长期说法讲经。说完，老婆婆就突然消失不见了。

据说云光穿着这双麻鞋，在江南各省到处游走，不知道去了多少地方，开了多少讲坛，但情况并不见好转。有一天走到南京雨花台地区，麻鞋忽然烂掉了，于是他就想起婆婆的话，在雨花台开坛讲经。霎时间，听者云集，他静坐台上，将佛经大义娓娓道来，声音洪亮而不刺耳，使台下听众如痴如醉。一时感动了天神，天上下起了五颜六色的花雨，雨点落到地上，变成了五颜六色的美丽小石子，后被人们称为"雨花石"。

如何甄别雨花石的真假

经地质学家考证，雨花石在距今250万年至150万年之间，由地球岩浆喷发时形成。当时岩浆从地壳喷出，四处流淌，经冷却凝固后在地面上留下孔洞，然后有涓涓细流沿孔洞渗入岩石内部，将其中的二氧化硅分离出来，逐渐沉积成石英、玉髓、燧石或蛋白石的混合物。雨花石的颜色和花纹，是因逐渐分离二氧化硅过程中的夹杂物所形成的。

雨花石之"旭日东升"

雨花石经过了文人雅士的追捧之后，身价倍增。再加上稀少难寻，就有了黑心商人制造假货进行贩卖的现象。其实鉴别雨花石真假的方法很多，首先从色泽上看，雨花石是一种天然的琥珀化石，石头里面有自然的颜色，以黄、红、绿、白居多，更珍贵的雨花石，里面会有人物或者风景象，那就更价值连城了。其次从形状上看，雨花石是不规则的椭圆形，厚薄不一，大小不同。而且因为石头的主要成分是二氧化硅，因此硬度和重量都比较高，而仿品均不具备以上条件。市场上的仿品多以人造玻璃和树脂所造，质地很软，易碎，而且石头里面也没有图案。有的假冒品以鹅卵石充当雨花石，虽然在重量上很难区分，但鹅卵石里面一团黑，没有好看的图案，不具备观赏价值，因此一眼就可以看出来。

周总理曾经也收藏过雨花石吗

雨花石是花样的石、石质的花。它凝天地灵气,聚日月精华,是世界奇石中的一朵奇葩。可根据其呈像分为人物、动物、风景、花木、文字、抽象石等,按照"六美"程度可分为绝品石、珍品石、精品石、佳品石等品级。自问世以来,就受到众多收藏者的喜爱。历代文人喜爱藏石者甚多,周恩来总理曾经也爱收藏雨花石,那些石头如今还在南京梅园新村陈列着。

雨花石生成不易,收藏也难。所谓收藏,不是随便买来一块石头藏起,而这个过程,是对藏石人财力、眼力、品位等的综合考验。人有多深,石有多深;石品反映人品,人品决定石品。有的人俗不可耐,即便是买了一块上好的雨花石,也只能是糟蹋了石头。有的人名利心太重,利欲熏心,想用石头去做生意、收买人,结果石头也被污染得没一点灵气。因此收藏雨花石也是一门大学问。

云锦曾经真的是皇室贡品吗

云锦是南京地区的一种提花丝织工艺品,是南京工艺"三宝"之首,与成都蜀锦、苏州宋锦并称为"中国三大名锦"。至今已有近1600年的历史了。因为云锦色彩光辉灿烂,形状好似天上的云彩,故而得名。

云锦

云锦区别于其他两大名锦的特点是,它常用金做装饰,用色丰富自

由，纹饰醒目。品种主要有三类，即库缎、库锦、妆花。库缎是在缎底上起本色花，花纹有明、暗两种，明花浮于表面，暗花平板不起花。库锦，又名织金。因为在满清时期曾收入内务府"缎匹库"而得名，沿用至今，其花纹全部用金线织出妆花，在缎底上突出五彩花纹，是云锦中制造技术最复杂、最华丽的一种。它是在缎、绸、纱、罗等丝织物上用"挖花"技法织出彩色纬花图案，布局严谨庄重，纹样造型简练，最能代表云锦的技艺特色风格。

云锦在明清时期是宫廷用品，专供皇室所用。1958年定陵文物出土时，万历皇帝被挖掘出来时所穿的龙袍，叫"孔雀羽织金妆花柿蒂过肩龙直袖膝栏四合如意云纹纱袍"，经专家考证，它出于江南织造，采用的就是"纱地妆花"织造技法，是最高水平的云锦。

您听过仙女织云锦的故事吗

相传在古南京城西边有一座小茅屋，里面住着一位孤零零的老人，他叫张永，是个织锦工匠。老人每天天不亮就下机坑给财主织锦，一直到深夜才停手。他所织出的云锦放开来就像一条长河一样。但是财主还不知足，反而说老人欠他的更多了，每天狠命地催老人干活。

有一次，财主要过寿，逼着老人给他赶织一块"松龄鹤寿"的云锦挂屏。老人熬到半夜，直到油灯干枯，还是没有织完，一想到明天财主就要来逼他，心急如焚，一下子急得晕了过去。这时，只见一道亮光，刺破夜幕，从空中翩然飘下两位仙女，她们走进老人的茅屋，把晕倒的老人抬上床，然后下到机坑里织起云锦来。很快，她们就织好了。

等天亮老人醒来时，发现云锦已经织好，喜不自胜。云锦上的花纹好像仙境一般，青松苍郁，仙鹤高鸣。机子上的云锦犹如瀑布，拉了一匹又一匹，总是拉不完。前来围观的邻居们都惊呆了。正当大家看热闹的时候，地主带着一帮狗腿子气急败坏地来了。他本来以为老人没有织完云锦，来找他算账，谁知看到这个场景，高兴得嘴都合不住了。连忙命令手下人去抢那台机器。谁知一台小小的织锦机，仿佛有千钧重，几个人都没搬动分毫。财主骂了几句，亲自上来抬机器，只听一声鹤鸣，云锦里的两只鹤飞了出来，狠狠地冲着地主啄了几下，把财主的眼睛啄瞎了。这仙鹤正是那两个仙女所化。从此以后，老人再也不用受财主的压迫了。为了感谢这两个仙女，人们就把老人住的那条街命名为"仙鹤街"。

南京仿古牙雕在制作上有哪些特点

南京仿古牙雕是南京市著名的"工艺美术三宝"之一，是"全国四大牙雕"之一，诞生于20世纪30年代。当时一些擅长雕刻的南京艺人在上海从事象牙文物的修复和象牙雕刻，到40年代末，一部分艺人返回南京，并成立了南京象牙雕刻社，雕刻了很多仿古的艺术品，获得不少奖项。1990年国际贸易组织颁布了国际贸易公约《全面禁止非洲象牙及其制品国际贸易修正案》，于是南京象牙雕刻停产，相关设计师和艺人纷纷改行。

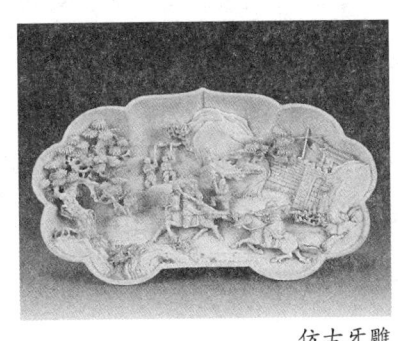

仿古牙雕

南京仿古牙雕跟同类工艺品比较，在制作上有以下几个特点，第一是仿古特色，在全国首创独一无二的仿古作品——牙雕，1983年还被国家定为部级保密项目。第二是在技艺上融合了南、北两派风格，既有体现北派特色的圆雕人物作品，也有呈现南派特征的透雕、深浮雕和龙舟制品。其三是文化底蕴深厚，因为设计师文化艺术素养较高，因而作品文化艺术内涵较深。

朱元璋当年也佩戴过金陵折扇吗

金陵折扇是南京的传统工艺品，有竹制折扇、绢宫扇、骨扇等，制作精细，轻巧美观，既可用来纳凉祛暑，又可作为艺术品来观赏。

据说明太祖朱元璋登基之后，对于江南民间的工艺品十分欣赏。他发现折扇轻巧灵便，易于携带，于是命令宫内能工巧匠仿照民间工艺进行制作。从此竹折扇"自内传出，遂遍天下"，无论宫廷还是民间，都习惯于使用折扇，一直影响到清代。如今秦淮河的南岸仍保留着"扇骨营"这一古老地名。

金陵折扇

明清时期是折扇的黄金时期，当时南京是江南科举之地，每逢科举，大量的士子就会涌入南京，这些文人们平日里最爱吟诗作对，卖弄风雅，因此都会买一些高档的折扇带回家，馈赠亲友或自己收藏。

在鼎盛时期，金陵折扇最讲究扇骨用材和扇骨雕刻，当时的许多制扇师傅用象牙、玳瑁、紫檀木做成扇骨，还在扇骨上精镂细刻，雕成各色花样，有"如意头""琴式""螳螂腿""水浪式"等，扇头有"瓶式""玉兰头""金鱼头"等。甚至还发展了镶嵌技术，镶嵌象牙、兽骨、玉石、金银、贝壳等。

南京水八鲜指的是哪"八鲜"

南京水八鲜指的是生长在南京地区的八种水生植物。南京地区湖汉纵横交错，孕育了很多种水生动植物。其中，莲藕、红菱、茭白、芡实（鸡头果）、荸荠、水芹、莼菜、慈姑八种水生植物，人称"水八鲜"。食用"水八鲜"为南京人的传统习俗。

藕，俗称花香藕，"花香"二字，本取于"花下藕"，后来以讹传讹，传作花香。花香藕是"九孔十三丝"，质地白嫩，鲜脆多汁，它能以蔬代果，生吃非常可口，熟吃有"糖醋藕""元宝藕""糯米藕""糖粥藕"等。花香藕以沙洲圩、莫愁湖、玄武湖等地出产为佳。

红菱，水生草本植物，幼嫩时可当水果吃，老熟果可熟食吃或加工成菱粉。

茭瓜，俗称茭白。相传在晋代，茭白就是江南三大名菜之一。可以凉拌、火炒，还可以制成菜肴，如佛手茭白、滚龙茭白、油焖茭白等。

鸡头果则为滋补品，生吃松脆爽口，炒食味美，别具风味。用鸡头果制成的粉就是芡粉，与藕粉、荸荠粉、菱粉并称为"四大名粉"，品质高于绿豆粉、豌豆粉、山芋粉。

荸荠属浅水性宿根草本，以球茎作水果或蔬菜食用。古称凫茈，俗称马蹄，又称地栗，因它形如马蹄，又像栗子而得名。称它马蹄，仅指其外表；说它像栗子，不仅是形状，连性味、成分、功用都与栗子相似，又因它是在泥中结果，所以有"地栗"之称。北方人视之为江南人参。

水芹则是在明代就作为南京的土特产进贡。《正德江宁县志》中曾有记载："水芹生在水泽边，洁白有节，其气芬芳，安德等乡皆有之，岁充供。"

莼菜，又名水葵、露葵马蹄菜、水荷叶等。主要分布于黄河以南的池沼湖泊中，以西湖莼菜最为著名。采其尚未露出水面的嫩叶食用，是

一种地方名菜，古人所谓"莼鲈风味"中的"莼"，就是指的莼菜。

慈姑，风味如栗。秋冬应市，荤素皆宜，多用于煮肉。

雨花茶在东晋时就已经出现了吗

雨花茶是南京特产，因产于南京中华门外的雨花台山丘而得名。在汉族传统饮茶文化中占有重要地位，是中国十大名茶之一。茶叶外形如松针，带白毫，冲泡后茶色碧绿、清澈，香气清幽，是茶中上等佳品。

雨花茶的饮用历史很早，据资料记载，在东晋时期，南京百姓就有饮用雨花茶的习惯。陆羽在《茶经》中曾经记述了《广陵耆老传》的故事。说是在晋元帝时，有一个老妇人，每天早晨提着一壶茶沿街叫卖，百姓们都去买来喝，奇怪的是，老妇人从早卖到晚，壶中茶汤却一点都不减少，而且还把卖茶所得的钱全部分给穷人。官府知道后，就以妖孽惑众的罪名将老妇人抓进牢里。结果第二天清早，老妇人不见了。后来百姓们为了纪念她，就在雨花台一带遍种茶树。

南京的山水园林

一个地方的山水园林不仅象征着这个地方的自然地理构成，也承载着这个地方的历史文化。尤其是园林所拥有的古典艺术与历史文化，是其他建筑形式所无法替代的。它不仅仅是一种景观，更是一种艺术形象，南京山水园林遍布，而且它们的名字也都十分有趣，其中暗含了许多历史故事与地方文化。

南京的名山胜水

您知道栖霞山中"栖"怎么读吗

栖霞山位于南京市栖霞区,又名摄山,是"金陵第一明秀山",南朝时因山中建有"栖霞精舍"而得名,是中国四大赏枫胜地之一。每逢深秋,遍山红叶,恰似一片火海,是人间难得一见的美景。因此南京民间有"春牛首,秋栖霞"的说法。

栖霞山千佛岩

栖霞山有三峰,主峰凤翔峰,东北有龙山,西北有虎山。栖霞山的地学内涵极为丰富,古生物化石众多,是许多地学名称的命名地,被专家称为"天然地质博物馆"。山上有栖霞寺,自古就是佛门圣地。还有其他诸多景点,如明镜湖、千佛岩、舍利塔、纱帽峰、碧云亭等。

栖霞山是南京旅游胜地,到南京不可不去栖霞山。但是不要念错名字,"栖"是多音字,在此处读"qi"。

紫金山为何被誉为"中华城中人文第一山"

紫金山位于南京东郊,又称钟山,是南京名胜古迹荟萃之地。早在三国时期就极负盛名,有"钟山龙蟠,石城虎踞"之称。历经上千年,融多元文化于一体,囊括了六朝文化、明朝文化、民国文化、山水城林文化、佛教文化等,因此被称为"中华城中人文第一山"。

紫金山古称"金陵山",因战国时期楚王在此建金陵邑而得名。汉时改称"钟山"。汉末,秣陵尉蒋子文逐盗,被盗杀死在此,孙权为蒋立庙,因此改"钟山"为"蒋山"。因为山坡有紫色页岩,经太阳一照,就发出金光,因此在东晋时改为"紫金山"。紫金山南面为孙中山陵墓,西面是明孝陵,东侧有灵谷寺,北面是明朝诸将徐达、常遇春、李文忠墓。另有明东陵、紫霞湖、正气亭、头陀岭、廖仲恺何香凝墓、邓演达墓、紫金山天文台等名胜遗迹。

紫金山秋色

狮子山与明王朝的建立有何关系

狮子山位于南京城西北,濒临长江。公元317年,晋元帝司马睿初渡长江,见此岭跟北方的卢龙寨相似,遂赐名"卢龙山"。公元1360年,明太祖朱元璋在此指挥伏兵八万,打败劲敌陈友谅,为大明王朝建都南京打下了基础。朱元璋称帝后,将产"卢龙山"改为"狮子山",下诏建造阅江楼,并亲自撰写《阅江楼记》,还命令众文臣各写一篇,最后大学士宋濂所写为最佳,选入《古文观止》。但因为种种原因,阅江楼并未建成。

狮子山目前有景点玩咸亭、古炮台、碑廊（亭）、寓思亭、古城墙、全国最大的铜鼎一座、全国最大的石狮一对，以及"卢龙胜境"牌坊、地藏寺、朱元璋雕像、七孔桥等。

牛首山为何又叫天阙山

牛首山位于南京市江宁区，因山顶南、北双峰似牛角而得名。《金陵览古》中记载，遥望两峰争高，如牛角然。自南朝起，牛首山一带佛教兴盛，而成为牛头宗的发祥地。

牛首山又名天阙山。晋元帝司马睿渡江建立东晋政权，想在建康正南门宣阳门外建立双阙，以示皇权的尊贵，群臣纷纷附和。只有宰相王导不同意，因为政权草创，连城墙都用竹篱笆筑成，哪有物力财力去修筑王阙。因此他苦苦思索，想找到一个好办法打消晋元帝的念头。有一天，他陪着晋元帝乘舆出宣阳门，只见南面的牛首山两峰相对，十分壮观，便指着道，"此天阙也，岂烦改作！"晋元帝明白王导的苦心，就取消了建立双阙的计划，称"牛首山"为"天阙山"。《昭明文选》中《石阙铭》里即有"乃假天阙于牛头"的记载。唐朝天宝初，牛首山才正式改名为"天阙山"。

梅花山有何历史变迁

梅花山位于南京东郊紫金山南麓，中山陵西南，明孝陵正南。因山上植满梅花而得名。旧称"孙陵岗"，亦称"吴王坟"，因为东吴孙权死后葬在这里，他的夫人以及太子也葬在这附近。相传朱元璋修建地宫的时候，下令主持修建工程的中军都督府佥事李新把附近所有的陵墓迁

梅花山

走,孙权墓也在被迁之列。李新向朱元璋请示,孙权也是一条好汉,就让他留下来,给我看大门吧,如此孙权墓才得以保存。

1929年孙中山葬入中山陵之后,当时的国父陵园管理委员会决定在孙陵岗建中山陵纪念性花木区,经过讨论决定种植梅花树。种植的梅花品种逐年增多,梅园面积渐渐扩大,最终成为一大赏梅胜地。于是孙陵岗在人们的记忆中渐渐湮没,取而代之的是梅花山。汪精卫死后曾葬在今日"观梅轩"处,1946年何应钦派工兵将汪精卫墓炸掉,在此建亭"观梅轩"。

"金陵"与幕府山有何关系

幕府山是横贯于南京市鼓楼区下关和栖霞区燕子矶的一座丘陵山脉,位于长江南岸,长约5.5公里,宽约800米,主峰70米。有幕府登高、达摩古洞、永济江流、化龙丽地、嘉善闻经、燕矶夕照六景。

自古以来,幕府山燕子矶一带就是战略要地和交通枢纽,是江南地区防御江北的战略屏障。传说战国时期楚威王为了压制南京地区的"王气",派人在幕府山西麓金陵冈埋下金子,故而南京有了"金陵"这个名字。

为何说幕府山是一座"多灾多难"的山

幕府山是横贯于南京市鼓楼区下关和栖霞区燕子矶的一座丘陵山脉,位于长江南岸边,西起上元门,东至燕子矶。据《金陵新至》中的记载，"晋元帝自广陵渡江，丞相王导建幕府于此山，因名。"但根据近年考古结论，"幕府山"这个名字起源要早于晋朝。

传说在战国时期，楚威王听信术士之言，派人埋金于幕府山西麓金陵冈，以压制南京地区的"王气"，从而使南京有了"金陵"这个称呼。后来秦始皇统一中国，巡视江南地区时也就是从幕府山一带

幕府山风光

渡江南下的。公元317年，西晋琅琊王司马睿在此渡江而建东晋政权。南朝梁末，北齐军渡江南进，陈霸先率军出山拒战，打败了北齐军。南宋时期，岳飞率领的军队在此打败金兀术。明成祖时期的郑和七下西洋，也选定在幕府山侧的张阵湖中实验海船。民族英雄郑成功也曾经率兵从福建一路杀到南京，屯兵幕府山而欲光复南京。1842年鸦片战争中，英军用的炮舰在这里抢滩登陆，逼迫清政府签订了丧权辱国的《南京条约》。日军侵华时，曾在幕府山燕子矶草鞋峡一带对南京人民进行屠杀，约有8万军民惨遭杀害。在历史的长河中幕府山历经战火，可谓是"多灾多难"。

游子山与孔子有何关系

游子山位于南京市高淳区中部，原称"梁山""绵山"。据当地碑文记载，两千多年前孔子出游至此，登山向远处眺望，见山川风景秀丽，吴楚征战的创伤依稀可见，而知历史之不可逆转，命运之不可捉摸，于是慨然有归乡之叹。他觉得自己这么多年，像一个游子，四处寻求明君，却终不可得。现在该回到"母亲"的怀抱了。他回到曲阜，几年后郁郁而终。后人为了纪念他，就给这座山取名"游子山"。

其实，不仅孔子来过，相传地藏王菩萨金乔觉渡海来华弘扬佛法时，第一落脚之处也是游子山。清朝时，道家门徒见这里静、奇、秀，山下农田肥沃，山上松竹葱绿，于是在游子山顶建起了道家寺观——玄武庙。因此游子山事实上是集儒、释、道于一身的"三教圣地"。

法融禅师是在祖堂山得道的吗

祖堂山位于牛首山南，古名"幽栖山"，因山上建有幽栖寺而得名。唐贞观初，法融禅师在此得道，成为佛教南宗的第一祖师，山因此而更名为"祖堂山"。

法融俗姓韦，润州延陵人。隋大业八年，19岁的他觉得"般若止观，实可舟航"，于是放弃"儒道俗文"，入茅山剃度出家，师从三论宗僧炅法师。后跟从大明法师钻研"三论"和《华严》《大品》《大集》《维摩》及《法华》等佛经。大明法师圆寂后，法融漫游各地，从盐官邃法师、永嘉旷法师听讲各种经论。贞观十年，他云游到南京幽栖山上的幽栖寺，并在

祖堂山上的寺庙

寺外北岩下修了一座石屋，终日端坐其中参习佛经，数年时间，因仰慕他而同住的僧侣就有100余人。这时牛头山的佛窟寺藏有佛经、道书、佛经史、俗经史和医方图符等七藏，是刘宋初年刘同空建造寺庙时收藏在寺里面的。法融得到佛窟寺管理藏经的显法师允许，在那里静心攻读了八年。贞观二十一年，法融于幽栖寺开讲《法华经》。永徽三年，邑宰请至建初寺讲《大品般若》，僧众听讲者千人。江宁县令李修本又请他讲《大集经》，僧俗听讲者达千余人。

据说法融在幽栖寺北岩石屋中修炼时,禅宗四祖道信遥观气象,知道此山有异人,于是亲自进山寻访。在石屋中看见法融端坐自若,有人自外面来,也不相问。四祖问:"在此做什么?"法融答:"观心。"四祖问:"观是何人!心是何物?"法融不能对答,便起身作礼。从此之后法融顿悟。于是幽栖寺便成了法融禅师得道的地方。后来他传道于牛首山,开创牛头宗。

祖冲之是在九华山上发明的水碓磨吗

祖冲之,字文远。我国古代伟大的数学家、天文学家。祖冲之从小就接受了良好的家庭教育,对于自然科学和文学、哲学都有广泛的兴趣,特别爱钻研天文、数学和机械制造,并且在这些方面表现出极高的天赋。

祖冲之在机械方面也有很多发明创造。在九华山下,他看到劳动人民舂米和磨粉很费力,就利用水力发明了一种机械代替人工,叫作"水碓磨"。古人很早就发明了利用水力舂米的水碓和磨粉的水磨。西晋初年,杜预对之加以改进,发明了"连机碓"和"水转连磨"。一个连机碓能带动好几个石杵一起一落地舂米;一个水转连磨能带动八个磨同时磨粉。祖冲之又在这个基础上把水碓和水磨结合起来,极大提高了生产效率。这种工具至今还可以在我国南方的农村里找到。

历史上九华山有何变迁

九华山位于南京市玄武区太平门内,与玄武湖紧相毗邻,北临明城墙,东接富贵山,是钟山余脉西走入城的第一山。这里风景优美,视野开阔，登高可远眺四方。因山上旧有小九华寺，故俗称"小九华山"，简称"九华山"。

春秋时期此山名"覆舟山"，因山势像一只倾覆的船而得名。南朝刘宋元嘉时，玄武湖屡见"黑龙"，武帝便将山更名为"玄武山"；陈太建年间，玄武山称为"龙山""龙舟山"。但当地群众仍旧称为"覆舟山"。在六朝时期，覆舟山是建康城重要的屏障，也是皇家花园，统称"乐游苑"。据史书记载，祖冲之与北魏人索驭麟曾经在此比赛指南车，祖冲之也是在这里发明的水碓磨。隋灭陈时，乐游苑被焚毁。

九华山

九华山上还有座三藏塔，塔体呈五级四角形，为纪念唐代高僧玄奘而建。据考证，塔内藏有玄奘法师的头顶骨。

昭明太子死于玄武湖吗

玄武湖位于南京城中，距今已有1500年的历史。古称"桑泊"，后来几度改名为"秣陵湖""昆明湖""后湖"。湖内有五洲，即环洲、樱洲、菱洲、梁洲和翠洲。东吴时期玄武湖是吴国水军的操练场地。明代曾在湖中心建立黄册库，收藏全国的户籍赋税档案。

南朝齐永明年间，齐武帝之子文惠太子萧长懋，花费重金，在玄武湖畔东南建造"玄圃"，园中有明月观、宛转廊、徘徊桥等，景色穷奇极丽，富态万千。可惜文惠太子福根太浅，尚未登上皇位就病故了。文惠太子去世后，玄圃作为皇家园林的一部分被保留下来。南朝梁代，梁武帝之子萧统对玄武湖情有独钟，在老洲增建梁园、亭台、楼阁多处，并于湖中广植荷莲，清风一吹，荷香满塘。平日里他常邀文人学士游乐其间，谈古论今，使当时的玄武湖极富人文气质。著名的《文选》便成书于玄武湖。因此，当时的玄武湖又有"太子湖"之称。不幸的是，萧统太子在一次泛舟游湖中，不慎落水染疾而亡，时年三十岁。后人因感念其开辟之功，将老洲改称为"梁洲"。因萧统死后谥号"昭明"，史称"昭明太子"，故而其《文选》又名《昭明文选》。书中选录了先秦至南朝八百年间优美的诗文辞赋，是我国现存最早的一部古代诗文选集。清代文人刘铁山在《后湖题咏》中赞道："莫愁传世争颜色，怎及昭明文子香"，这是对《昭明文选》给中国文学史所做的贡献给予了很高的评价。

莫愁湖有何凄美传说

莫愁湖位于南京市水西门外，古称"横塘"，因依着石头城，故又称"石城湖"。相传湖名改称是因为一位名叫莫愁的女子。

莫愁是河南洛阳人，幼年丧母，跟父亲相依为命。她聪颖好学，种桑、养蚕、纺织、刺绣无所不能。一个人坐在家里，听着邻居家的小孩子读书，自己就会跟着背诵下来。她父亲是乡间的一名医生，跟着父亲也学到了很多医药知识。

莫愁十五岁那年，父亲上山采药时不幸坠崖身亡。她无可依靠，只得卖身葬父。正好被一个姓卢的员外看到，卢员外是南朝梁的官员，见莫愁纯朴美丽，就帮她料理了她父亲的后事，然后带她回到建康，做了自己的

莫愁湖

儿媳妇。莫愁进了卢家之后，跟丈夫相亲相爱，日子过得很甜蜜。但是

空闲下来,她就开始想念自己的家乡,只有在帮助邻居或接济穷人的时候,才会感觉宽慰并露出笑容。因此穷人们常说:"见到莫愁,就什么忧愁都没了",莫愁女的名字也因此渐渐传开了。

一天,梁武帝来到卢员外家中,见到了莫愁,被莫愁的美貌所吸引,回去之后就设计害死了卢家公子,让莫愁进宫选妃。莫愁悲愤交加,投湖而死。梁武帝听说后,悔恨不已,写下《河中水之歌》。

后来人们为了纪念莫愁的贞德,便把她自尽的石城湖改名为"莫愁湖"。

梅花山上的梅花是怎么来的

梅花是南京的市花。古时候,南京的梅花到处都是,不单是梅花山上的梅花多,南京城的雨花台、古林庵等地方也都有梅花。宋朝王安石在他的半山园中就种过大量的梅花。那时候,普通的南京老百姓家中都有梅花。

关于梅花山,还流传着一个很奇怪的故事。南京是东晋的都城,当时皇帝嫌宫殿太小,就命大将军谢安负责重建"建康宫"。谢安很有本事,用了六千人,花了半年时间,就建了大小3500间房屋。

竣工后,谢安带着自己的手下在新宫殿中巡视,巡视到金銮殿时,谢安觉得有点问题,他眯着眼睛左看右看,突然发现大殿竟然少了一根很重要的横梁。谢安非常生气,用手指着屋顶说:"这是怎么回事?"工头连忙说:"大人,木料已经用完,就少了这一根横梁。"谢安眉头一皱说:"明天你带人去找,一定要找到合适的横梁来。"

第二天,六千人在南京城里跑了一整天,找遍了所有的山林也没有找到合适的木料。第三天,谢安叫来了工头,询问情况。工头为难地

说:"大人,没有找到!"谢安发怒:"真的没有?"工头吓得跪倒在地说:"小人该死!昨天我们找遍了整个南京城,只在东吴大帝孙权墓旁发现一棵又粗又高的梅花树,正好做横梁,可当我们刚要动手时,附近的老百姓都跑过来说,这是一棵千年神树,不能砍!而且它又长在孙权墓的旁边,我们就没敢砍。"

谢安听完犯起愁来,这时突然有人来禀报说:"秦淮河上漂着一根巨木。"谢安立即带人去看,那正是孙权墓旁边的那棵梅花树!谢安又惊又喜,赶紧命人将它拉到宫中做横梁。人们都说,这是梅花仙子在救人呢!原来梅花仙子知道六千名工匠找不到横梁,盖不好金銮宝殿是要丢命的,于是就将自己献出来了。工头为了感谢梅花仙子,就在横梁上画上了梅花,以纪念梅花仙子,后来人们将这个正殿命名为"梅梁殿"。

而孙权墓旁少了那棵千年巨梅后,坟墓的周围却长出了越来越多的梅花,南京老百姓们都说,这些都是梅花仙子的子子孙孙。从此,那座山就叫"梅花山"了。

六合龙池有什么故事传说

南京城六合区内有一个水平如镜的大水池,人称"龙池"。池水清澈,最深处可达几十米。池水与地下水相通,所以长年不竭。水池边杨柳依依,花草芳菲。池水中鱼虾成群,盛产大鲫鱼,每条都在一斤以上。南京的特色名菜"龙戏珠"就是用龙池中的鲫鱼烹制而成的。自古以来,龙池就以水清鱼肥、景色宜人而闻名。

相传,在很久以前,六合区内是没有水池的。以前那里住着一户人家,家里的童养媳常受公婆虐待,她每天一早就起来做饭,还得推磨,挑水洗衣，家里的累活脏活都是她干。可是狠心的婆婆每天还要让她到外面捡柴禾，否则就不许吃饭，还要挨打。

乌蛇躺在路旁，尾部中了箭，动弹不得。看见她走来，乌蛇望着她，眼中充满了哀求之情。童养媳心中不忍，上前将箭拔了出来。乌蛇摆了摆尾巴，对着她点了点头，钻进旁边的溪水中不见了。

六合龙池夜景

几天后，童养媳再次经过那个地方时，又看见了那条乌蛇。乌蛇高高地扬起头，嘴里含着一枚花花绿绿的石蛋，它靠近童养媳然后吐了出来就走了。童养媳捡了起来，奇怪地看了又看，见和普通的鸡蛋差不多，就装进了筐里。谁知，筐里的柴禾一下子就变得满满的，童养媳惊喜万分，小心翼翼地将蛋收好回家了。

此后，童养媳便少挨了许多打骂。时间长了，婆婆感觉十分奇怪，想一探究竟，于是就偷偷地跟着她。终于，婆婆发现了石蛋的秘密，她抢过石蛋，逼着童养媳说出它的来历。婆婆一听是乌蛇给的，兴奋地大叫道："这是龙蛋！是宝贝啊！"说完，她将蛋放在了米缸里，转眼，米就涨满了缸。婆婆兴奋地拿着蛋四处放，放到钱箱里、衣柜里，都非常灵验。婆婆乐得合不拢嘴，她看见水缸没满，就将龙蛋丢进了水中，谁知一声巨响，水柱喷涌。龙蛋在水中打了几个转，突然炸开，跃出一条乌龙。乌龙腾飞到空中，顿时暴雨倾盆。原来龙蛋遇水，变成了巨龙，尾巴一扫，地面就出现了一个大水池。贪心的婆婆就这样被淹死了。因为这个水池因龙而现，所以被人们称为"龙池"。

铜山的金牛洞住过金牛吗

南京大铜山的北坡上有一个天然的山洞。洞口有两块巨石拱门,洞中有一石桌和一石凳,以及几块散放的青石。洞中常年流着细细的泉水,青石上还有牛喝水舔成的凹陷和留下的牛蹄印。据说洞中曾经住过一头金牛,所以取名为"金牛洞"。

很久以前,金牛洞一带土地贫瘠,人烟稀少,村民们以耕田为生,过着清贫的生活。当地有姑嫂两人到大铜山的一个水池去挑水,远远看见一头黄牛在池边饮水洗澡,此牛膘肥体壮,身体泛着金光,见有人来了便叫了几声,往山上跑了。

小姑打水时,发现桶中有一块黄色的类似于牛粪的东西,便嫌弃地赶紧将这桶水倒了,还捡了一块石头想将桶里的牛粪刮干净。谁知,石头一触到桶里的牛粪,便发出金属的声音。姑嫂二人好生奇怪,便对着光线瞅,不禁发出一声惊叹,原来石头所擦之处磨出了一条金粉痕迹,再去找那块"牛粪"时,牛粪早不见了踪影。

消息一传开,全村的人都想找到那头能拉出金粪的牛。于是,大家连夜举着火把上山,顺着牛蹄的痕迹去找那头牛。最后,牛没找到,却找到了一个十分隐蔽的山洞,洞中还有鲜嫩的青草,大青石上留有深深的牛蹄印。有几个人不甘心,便留在洞中过夜,希望金牛能够回来。可是金牛一去不返,不知所踪。

此后,当地村民再也没有见到过那头金牛,只留下金牛与金牛洞的传说。

南京的园林景观

"瞻园"名字来源何处

瞻园是南京地区现存历史最久的一座园林,至今已有六百余年。其名字得于欧阳修的诗句——瞻望玉堂,如在天上。同时它也是南京保存最完好的一组明代古典园林建筑,与无锡寄畅园、苏州拙政园和留园并称为"江南四大名园"。

古代园林艺术家邹迪光在《愚公谷乘》中说,"园林之胜唯是山与水二物"。足见山与水是园林最重要的组成部分。而瞻园在此二者之外,还多出一个"石"。刚入园内,首先看到的就是一块太湖石,立在南门后,

瞻园风光

这就是仙人峰。到了海棠院,在花篮厅的桂花丛中看到又一块突兀的太湖石,这就是和仙人峰齐名的绮云峰。而瞻园的假山,也全由太湖石堆置而成。园内共有三座假山。北假山以体态瑰丽的太湖石堆成,尚保留有若干明代"一卷代山,一勺代水"的叠山技法,临水有石壁,临石壁

有贴近水面的双曲桥。山腹中有盘石、伏虎、三猿诸洞。西假山以土为主体，用太湖石驳岸，石头好像从土中长出来一样，野趣盎然。山上有亭子，亭子周围种有松、竹、梅，因而亭曰"岁寒亭"，也叫"三友亭"。南假山，是用一千多吨太湖石经筛选后，按纹理走向拼成斜列状的山型。轮廓上采用小山傍依大山的方式，错落有致，坚固结实，有绝壁、主峰、危崖、洞龛、钟乳石、山谷、配峰、次峰、步石、石径等，嶙峋多姿，层次分明，自然幽丽。

南京鼓楼有何景观

　　南京鼓楼位于南京市中心北极阁以西的鼓楼岗之上，始建于明洪武年间，是南京的标志性建筑物之一。在古代是进行击鼓报时、迎王、送妃、接诏等重大庆典的场所。康熙南巡时曾登临四望，次年地方官在鼓楼基座上竖碑，并更名为"碑楼"，所以也有"明楼清碑"之称。

　　鼓楼顶层上有康熙南巡的"戒碑"，两边有一对龙凤亭，相映生辉，上有"畅观阁"题额。鼓楼西面有八角亭，八大飞檐，亭顶天花为双鹤戏灵芝，此亭建于民国初年，是齐燮元为其母做寿而建，称为"齐氏寿亭"。当时亭东还建有齐氏寿碑，现已无存。解放后，寿亭改名为"乐之亭"，取《诗经》这句"参差荇菜，左右芼之，窈窕淑女，钟鼓乐之"，以钟鼓点题，取"乐之"之意。

谁在"胜棋楼"下过棋

　　胜棋楼坐落于南京莫愁湖畔，建于明朝洪武年间。相传，明太祖朱元璋与开国元勋徐达在此弈棋，因此得名。如今，胜棋楼中还有徐达的肖像。

徐达是明太祖的同乡，两人都是郝洲人。徐达英勇善战，协助朱元璋打下了天下，成为明朝开国功臣，被封为魏国公。朱元璋与徐达二人都喜欢下棋，朱元璋棋艺较差，但却经常找徐达下棋。徐达为人谨慎，他知道朱元璋是皇帝，喜欢被人追捧。所以，每次徐达与朱元璋下棋时都故意输几个子，以便让皇上高兴。

胜棋楼

一年春天，朱元璋兴致来了，便召徐达到外花园下棋。他对徐达说："今天我们下棋要不分君臣上下，露出你的真本领！"徐达口中虽连连说是，但是心里却十分纠结，这盘棋要是赢了，恐怕会惹怒皇上，故意输了又会违逆圣意。思来想去最后想到了主意，便于朱元璋认真下起棋来。两人摆下围棋桌坐下。徐达拿过黑子，表示自己棋艺不高，要先落子。开始后，两人布阵，走子，用心盘算。一盘棋愣是从早上下到了下午。徐达不像过去那样处处让着朱元璋，而是与他每子必争，双方厮杀得难分难解。

最后，朱元璋发现了徐达的漏洞，便抢先吃掉了两个子，认为自己肯定能赢，脸上显露得意之情。此时，徐达却不露声色，眼睛一直盯着棋盘，过了好一会儿，朱元璋见徐达盯着棋盘发呆，便问道："这局朕赢了，徐公服吗？"徐达忙起身叩拜道："看来这局，臣要输了！"朱元璋听后说："这不行，输棋也要说出个道理来！"徐达立即行礼说："皇上聪睿过人，胜负在情理之中，臣虽输棋，但是发现棋盘有可看之处，请皇上移驾！"朱元璋起身走到徐达身边，细看了一下对方的阵势，发现了一个奇妙的布局，顿时大吃一惊。原来棋子竟然被摆成了"万岁"两个字。此时,朱元璋才见识到了徐达的高明棋艺,夸赞道:"虽然朕表面上赢了,但是徐公的手段非常人能及,而且忠心可鉴,该赏!"朱元璋龙颜大悦,将下棋的这座楼与莫愁湖的花园一同赏给了徐达,并赐名"胜棋楼"。

南京的古寺陵墓

作为"六朝古都",南京的陵墓有很多,历史上在南京建都的历代帝王的陵墓几乎都在南京,尤其是宏伟壮观的明孝陵,代表了明初建筑、石刻的最高艺术成就。历史上许多名人的陵墓也在南京,比如郑和、徐达、孙中山等。此外,南京还有很多古寺,南梁时梁武帝由于笃信佛教,在位期间修建了许多庙宇,这些庙宇遍布于南京的山野林间和寻常巷陌,述说着南朝的风雨往事。

南京的古寺

栖霞寺与三论宗有何渊源

栖霞寺位于南京市栖霞山下，始建于南朝齐永明七年，梁僧朗于此大弘三论教义，被称为江南三论宗始祖，栖霞寺由此成为佛教"三论宗"的发源地。隋朝时，隋文帝下诏以蒋州栖霞寺为首，在全国八十三州大造舍利塔。唐代时改称"功德寺"，规模浩大，与山东长清的灵岩寺、湖北荆山的玉泉寺和浙江天台的国清寺，并称为"天下四大丛林"。

栖霞寺内景

三论宗是中国佛教宗派之一，源于古印度大乘佛教的中观宗，以《中论》《十二门论》《百论》为主要典据，由鸠摩罗什翻译，流传中国。因为注重宣传"诸法性空"，所以又称"法性宗"。三论宗在中国流传之后，许多智慧高深的僧人都对其进行过深入研究，有僧睿、僧肇、僧导、昙影等，其中以僧肇最有成就，因而与鸠摩罗什并称为"什肇之学"。什肇之学起初只在北方流传，后来由僧朗传至南方。当时江南地区成实宗兴盛，三论宗几无人传，僧朗住在栖霞寺，受到梁武帝的器重，梁武帝派遣僧怀、僧诠等十人到栖霞山向僧朗学习三论宗大义。其中僧诠学有所成。僧朗隐居在栖霞山的止观寺，精研三论宗，门下出了很多优秀弟子，如兴皇寺法朗，长干寺智辩，禅众寺慧勇，栖霞寺慧布，此四人并称为"诠公四友"。后来法朗的弟子吉藏更进一步发扬了三论宗。吉藏七岁出家，从法朗修习三论要义，成为得道高僧。隋朝平定江南之后，吉藏前往嘉祥寺说法，听者如潮，世称"嘉祥大师"。后来又受隋炀帝的邀请，去长安日严寺讲法，在那里完成了三论宗的注疏。而究其根源，是出于栖霞寺的。因此栖霞寺成了三论宗的祖庭。

千佛岩里到底有多少个佛龛

千佛岩位于南京栖霞山栖霞寺东北侧的山崖上，从南朝齐永明二年至梁天监十年逐渐开凿而成。当时的佛像或是五六尊一佛龛，或是七八尊一室。历经战火纷乱，很多都遭破坏。现存佛像515尊，佛龛294个，其中开凿时间最早的石窟是"三圣殿"，凿于永明七年。殿正中有无量寿佛的坐像，高达12米。

据说在梁大同元年，佛龛顶上现出佛光，齐、梁两朝皇室及贵族臣民以为是佛祖显灵，纷纷捐资增建佛像。所建佛像大者数丈，小者盈尺，造型精美，栩栩如生，与山西大同的云冈石窟齐名。后来的唐、宋、元、明各代都有修葺增刻，连南朝在内，共有佛像700尊，号称"千佛岩"。岩壁上至今还刻有宋朝游九言所书的"古千佛岩栖霞寺"七个楷书大字。

据史料记载，千佛岩的石窟佛像，比山西大同的云冈石窟晚三十一年，比河南洛阳的龙门石窟早17年，因此千佛岩被誉为"江南云冈"。据文献记载，这里曾经有一尊很精美的佛像，堪与云冈石窟和龙门石窟的佛像媲美，但不幸的是由于这里的砂质是石英砂岩，容易风化，因而没有完整地保存下来。

无量殿中的"石公佛"有何神秘之处

在栖霞山千佛岩石窟里,有一尊"佛",可谓世所罕有,它立在三圣殿左侧,人称"石公佛"。这尊佛,不是修行得来的,不是说法度人得来的。它的由来,有一段神奇的传说。

相传当年众石匠奉命雕刻千佛岩的佛像,雕凿到最后一尊时,出现了怪事。锤轻,石纹丝不动;锤重,石块崩裂,无法成型;不轻不重,仅冒火星,老是凿不成。这样耽搁了一些日子,眼看官府规定的期限已到,石匠王寿为免众人杀身之祸,便一纵身跳进龛内,化身成了一尊佛,一手举锤,一手拿錾。人们为感念他的恩德,就叫它"石公佛"。

"画龙点睛"的传说发生在金陵安乐寺吗

"画龙点睛"这个成语可谓人人皆知,但是它的来历,人们未必都知道。据说南朝梁时,著名大画家张僧繇在金陵安乐寺的墙壁上画了四条白龙。四条龙都画得活灵活现,栩栩如生,但奇怪的是,这四条龙都没有眼睛。人们都去问张僧繇为什么不画眼睛,张僧繇说:"画了眼睛,这几条龙就会飞走的。"大家都觉得他在吹牛,说的是谎话。

有一天,张僧繇经不住人们好奇心的骚扰,就提笔给墙壁上的其中两条龙画上了眼睛,只听轰隆几声巨响,雷声阵阵,闪电劈空,两条白龙冲破墙壁,冲天上飞去了。只剩下了墙壁上两条没画眼睛的龙。人们这才相信张僧繇说的话是真的,纷纷称赞他画技出神入化。事实上,这个传说正是为了说明张僧繇绘画技巧的高超。而"画龙点睛"这个成语也被后世用来形容在文艺创作中的最关键一环。

灵谷寺为谁而建

灵谷寺，位于南京城东郊钟山东南坡下，是金陵三大寺之一。梁天监十三年梁武帝萧衍葬宝志法师于此。

据《高僧传》卷十记载，宝志又作保志，俗姓朱，金城（今甘肃兰州）人。出家后师事僧俭，研习佛学，造诣很深。传说他言行神异，"手足皆鸟爪"，常随身携带古镜、剪刀尺之类的东西，且披发赤足，"时或赋诗，言如谶记"。因此齐武帝、梁武帝和侯王士庶视之为"神僧"，十分敬仰。宝志圆寂后，安葬在钟山西南坡独龙阜，梁武帝就在此建筑五级木塔，并扩充成寺庙，取名"开善精舍"。

灵谷寺内景

当时，佛教十分兴盛，钟山一带有佛教寺庙70余座，但仅开善精舍规模最为宏大，被称为"钟山第一禅林"。从山门到大殿就有五里之遥，寺内有放生池、金刚殿、天王殿、无量殿、五方殿、毗卢殿、观音阁等殿堂，寺后有宝访公塔，十分壮观。

唐乾符年间，寺名改为宝公院。南唐时为开善道场。北宋大中祥符年间，改寺名为"太平兴国禅寺"。元朝及明初称为"蒋山寺"。明洪武十四年，明太祖朱元璋准备建明孝陵，因为蒋山寺离皇宫太近，于是将蒋山寺、宋林寺、竹园寺、志公塔、宋熙寺、悟真殿等全部迁于今址，并赐额"第一禅林"，称为"灵谷寺"。新寺规模宏大，所以又被称作"大灵谷寺"。寺内富丽堂皇，浮屠耸立。寺周有无量殿、万工池、志公塔、八功德水、梅花坞等胜景。灵谷寺历代有高僧住持，为东南一大名刹。明宣德年间和清咸丰年间先后两次被毁，清同治年间重修，但规模已大不如前了。

灵谷寺的无梁殿真的没有一根梁柱吗

灵谷寺内有无梁殿，原名"无量殿"，因供奉无量佛而得名，是原灵谷寺仅存的一座建筑，距今已有600多年历史。因大殿是砖石结构，无梁无椽，所以又称"无梁殿"。殿高22米，宽46.7米，进深37.9米，南、北各有3个拱门，结构坚固，气势雄伟。

无梁殿

无梁殿建于明洪武十四年，外部飞檐挑角，恰如宫殿，内部却前回后旋，好似涵洞。深邃幽静，妙不可言。如此巨大的殿堂，没有一根梁柱，全部用大型长方砖砌成拱圆殿顶，令人惊异。无梁殿正、背二面都有三拱门，左、右各置拱形窗。殿立于台座上，作歇山顶，全部是仿木结构。1928年国民党政府为了纪念在国民革命中阵亡的将士，决定利用寺的旧址作为国民革命阵亡将士公墓，将殿作为祭堂，殿前置牌坊，殿后兴建阵亡将士纪念塔。纪念塔于1935年建成，现为灵谷寺中最重要的建筑物之一。

灵谷寺的功德泉水是怎么来的

灵谷寺中有著名的功德泉水，是一大胜景。前人有诗称赞道："翠壁如屏旱不枯，一泓甘滑饮醒醐。高僧到此闻丝竹，还有金鳞对踊无。"据说很久以前,高僧昙隐云游钟山,忽然听到有金石丝竹之音,便沿着山崖寻觅音乐的来源,走到一处山崖旁,看见一粒粒水珠顺着石缝落在青石板上,发出嘀咕的声音,好似轻拢慢捻的琵琶声在山林中回响,昙隐认为这是上天对世间人们的施舍,故称此泉为"功德泉"。此泉有八个特点:一清、二冷、三香、四柔、五甘、六静、七不痾、八不蠲饐,故又名"八功德水"。

八功德水在紫霞洞东北的悟真庵后,由于僧人用竹管引水,故又名"竹递泉"。梁朝时,寺院僧人用泉水为人治病,八功德水因此闻名遐迩。后来因为战乱,泉水干涸。北宋天圣年间,史馆学士兰陵肃公买了八块石板,在泉眼四周凿井建壁,并建亭其上,以保"灵源之甘洌"。自此,八功德水就从泉水变成了井水。到了清咸丰年间,清军与太平军在灵谷寺一带激战,将功德泉水彻底破坏,只剩下了一壁井栏。

《南京条约》是在静海寺里签订的吗

静海寺,坐落在南京下关狮子山南麓,建于明永乐年间,是明朝十大律寺之一。明成祖朱棣为嘉奖郑和下西洋的功绩,同时供奉他从西洋带回的奇珍异宝,就建了这座寺庙。并赐名"静海寺",寓意着"四海平静"。

静海寺纪念馆

但是1840年鸦片战争爆发,洋人的枪炮打破了这种平静。腐朽的清王朝不敌外国人的坚船利炮,于1842年被迫在南京签订了中国近代史上第一个不平等条约——《南京条约》。

1842年8月10日,英国全权公使亨利·璞鼎查和海军司令巴加率领万余名侵略军,乘坐军舰沿长江侵入南京草鞋峡一带,扬言要攻击太平门。清政府慌忙派代表与其谈判。谈判分成两个阶段,第一阶段,双方代表级别较低。8月12日上午,中方代表与英方代表到了江面的船上,英方代表提出天气太热,船舱狭小,诸多不便。岸上不远处有一静海寺,不如到寺中商议。中方代表张喜回答说,静海寺内恐不洁净。罗伯聃接着说,庙中不洁净,吩咐和尚打扫打扫就是了。于是,双方代表去了静海寺,在那里进行了三天的会谈。

谈判的第二阶段是8月20日至29日,双方代表级别较高。8月29日,耆英、牛鉴等登上英军"康华丽"号军舰,签订了《南京条约》。条约规定将香港岛割让给英国,中国开放广州、福州、厦门、宁波、上海五处通商口岸,并赔款2100万银元。9月6日,道光皇帝被迫批准了这个条约。可笑的是,明明是丧权辱国,清廷还在条约中处处写着"大清皇帝恩准"字样,真是贻笑大方。

静海寺里的警示钟有何深远的寓意

1997年7月1日,静海寺内悬挂起一座警示钟,钟的材质是青铜,重3.5吨,高1.842米,寓意1842年签订的《南京条约》,中国从此失去了香港岛。钟的顶部有一个7.1厘米高的火球,寓意着7月1日香港回归。钟的肩部铸造了12只和平鸽,寓意着中国人民永远热爱和平。钟裙之上是条龙,二龙之间是南京市花——梅花,钟的背面刻千古明训"前事不忘后事之师",正面是三个醒目的大字——"警世钟"。两侧刻有铭文,详细记述了从清政府被迫签订《南京条约》到1997年香港回归祖国这段沧桑历史。

香港回归的前夜,社会各界代表齐聚警世钟前,等待着零点的到来。随着钟声响起,人群欢呼起来,钟声共响了155下,象征着香港被殖民了155年，终于回归祖国。

定林寺斜塔里真有佛陀的舍利吗

南京方山定林寺是金陵名刹，距今已有1500多年的历史，历史上曾有上、下定林寺之分。刘宋景平二年，僧人慧觉在南京钟山创建"下定林寺"，刘宋元嘉十六年，外国高僧竺法秀（昙摩蜜多）在南京钟山紫霞湖一带建"上定林寺"。后来此寺一度荒废。据《上江两县志》载：宋乾道年间，善鉴和尚因钟山定林寺废，便募资建寺于此，并沿袭寺名。此塔于乾道九年竣工，高13米。

定林斜塔

寺中有定林塔，塔的倾斜度是5.3度，比大名鼎鼎的意大利比萨斜塔还要"斜"，因为意大利比萨斜塔才4.0度。因此定林塔才是世界第一斜塔。根据史籍记载，佛陀涅槃后，有两颗佛牙舍利留存世间，一颗传入锡兰，一颗传入乌苌国，后由乌苌国传到于阗。5世纪中期，南朝高僧法献云游于阗，把佛牙带到建康上定林寺佛牙阁里。南宋孝宗乾道年间，高僧善鉴将"上定林寺"匾额移至方山，重建定林禅寺，与南京钟山上定林寺在子午线上南北正对，又建定林寺塔，专供佛像和佛陀舍利。由此可知，塔里面是有佛陀舍利的。

宏觉寺的修建是因唐代宗的一场梦吗

宏觉寺塔位于南京市江宁区祖堂山，始建于南朝梁，初名"佛窟寺"，唐朝时曾更名为"长乐寺""福昌院""资善院"。大历九年，

"代宗因感梦,敕修七级浮屠",命人在牛首山建造了一座七级宝塔,后人称为"唐塔"。南唐时,后主李煜改寺名为弘觉寺。宋朝太平兴国年间,改称"崇教寺";不久,又建造一座五层高的方形辟支佛塔,后代称为"宋塔"。

明朝洪武初年,改名"佛窟寺";正统年间,复名"宏觉寺"。当时宏觉寺规模宏大,肃穆庄严,据明代盛时豢《牛首山志》记述说:"寺之前后殿宇内,诸佛菩萨,庄严端好,皆前朝时雕塑。其缨络幢幡,炉瓶几杖,决非诸山可及。"在明代,弘觉寺与"西北之清凉,西南之峨嵋,并为圣道场地"。到了清代乾隆年间,弘觉寺为避皇帝乾隆的名讳而改名"宏觉寺"。乾隆皇帝巡游江南时曾为宏觉寺佛殿题写"万法皆如"匾额。在咸丰年间,宏觉寺遭战火焚毁,后虽稍加修葺,但规模已大不如前。

民国期间,宏觉寺又更名为"普觉寺"。著名学者朱偰先生曾两度探访佛窟寺旧迹,当时古寺"仅余大雄宝殿,佛龛尘封。荆榛塞途。寺右有杏花数十株,花事已阑,古寺无人,纷纷自开自落"。抗日战争期间又遭日军焚掠,现除宝塔孑然孤立外,其余寺庙建筑早已荡然无存。

夫子庙中的"夫子"指的是谁

南京夫子庙始建于宋,位于秦淮河北岸的贡院街旁,庙前有聚星亭、思乐亭;南岸的石砖墙为照壁,全长110米,高10米,是全国照壁之最;中轴线上建有棂星门、大成门、大成殿、明德堂、尊经阁等建筑;庙东还有魁星阁。夫子庙是明清时期江南各省的文教中心,里面供奉的是我国古代著名的思想家、哲学家、教育家、大成至圣先师孔子。

夫子庙即文庙,它的特点是庙和学宫连为一体,凡立学必定会祀奉孔子，这属于国家祀典内容之一。因此庙的位置一般会在学宫的前面或侧面。南京的夫子庙是前庙后学，东侧还有一个贡院，组成了一个文教建筑群。庙前设照壁、棂星门和东、西牌坊，棂星门前设以半圆形水池，称为"泮池"。泮池是孔庙的特有形制，源自周礼，南京夫子庙凿秦淮河为泮池，是所有孔庙中唯一利用天然河道作为泮池的孔庙。岸北为石栏，有"天下文枢"牌坊。东有奎光阁，西有聚星亭，象征文风昌盛；庙前广场东、西两侧立石柱，上书"文武大臣至此下马"，以示对"至圣文宣王"的崇敬。牌坊后面为"棂星门"，六柱三门，三门之间嵌有牡丹砖刻浮雕，柱头皆有云雕，即所谓的华表。这是帝王出巡朝圣祀孔的通道，平日用木栅栏封闭，禁止平常官民出入。

南京夫子庙

夫子庙正中是"大成殿"，殿内正中供奉"大成至圣先师孔之位"，左右配享四位亚圣——颜回、曾参、孟轲、孔汲。祭祀一般在午夜子时，仪式非常隆重。在我国古代，由孔夫子代表的儒家思想一直位于正统，受统治者推崇，因此全国各地都修建有文庙。

印度高僧达摩曾在定山寺内修行过吗

定山寺位于南京市浦口区珍珠泉六合山狮子峰下，是禅宗的重要寺院。原本是南朝梁武帝在六合山下为"戒行精严，锡周南北"的高僧法定而建，敕名"定山寺"。六合山随之更名为"定山"。六合山因有狮子峰、妙高峰、芙蓉峰、石人峰、寒云峰、双鸡峰六峰环合而得名。

建成之后，定山寺一直是江北名刹。相传当年达摩祖师从印度而来,被梁武帝邀请论佛,二人佛理不合,达摩遂一苇渡江,来到江北的定山寺修行。至今寺内还有很多达摩留下的遗迹。在他昔日面壁的地方,有"达摩岩",有"宴坐石",石头上还有很清晰的掌痕。寺内有卓锡泉,本为天然池水,但民间传说称达摩因为想念家乡的水,用锡杖卓地,泉水就汩汩流出,寺名由此而来。卓锡泉不远处,遗存有一块达摩画像碑,石碑刻于明弘治四年,画像中达摩络腮圆眼,拱手立于渡江芦苇之上,神形兼备。

种种迹象表明,达摩的确在定山寺修行过。此后才再次北上,去了嵩山少林,创立了禅宗。

龙泉寺有何历史传说

龙泉寺位于南京将军山与断臂崖相交的山谷里。始建于唐代,据《金陵梵刹志》载:"北去聚宝门三十五里,旧名龙泉寺,唐鹤林素禅师说法处。"因寺内有一眼清泉而得名。明初重建,改称"通善寺"。清嘉庆年间重修,复称"龙泉寺"。

龙泉寺内景

唐代以前,这里人迹罕至,鹤林素禅师在此结庐为庵,并设坛讲经说法,龙泉寺一时香火旺盛,远近信众很多。唐代以后,这里沦为战场,佛香断绝、殿宇荒芜。南宋高宗建炎四年,金兵南侵,抗金名将岳飞率军在牛首山、韩府山一带修筑军事工事,狙击金兵,发生了历史上著名的"岳飞大战牛首山"之战。当时,岳家军的一名将军在战场上被敌军砍断了臂膀,曾藏身在龙泉寺旁的一个断崖下养伤,村民为了纪念这位断臂将军,便把这个断崖称为"断臂崖"。明代初年,镜中禅师在龙泉寺旧址重建寺院,改称"通善寺"。清代,乾隆皇帝下江南,曾到此一游。其后龙泉寺渐渐倾颓。清嘉庆辛酉年重修,复称"龙泉寺"。

龙泉寺前有一株腊梅,相传是鹤林素禅师亲手栽种的。据说此树颇为神奇,寺兴则枝繁叶茂,花香浓郁;寺衰则落叶飘零,枝枯花残。

古惠济寺的三株古银杏树有何传奇故事

古慧济寺位于南京市浦口区,古称汤泉禅院。明洪武年间,朱元璋大驾汤泉镇,因讳"汤"字,遂改名"香泉镇"。因此"汤泉寺"也改为"香泉寺"。清咸丰年间毁于战火,光绪年间修复了一小部分。寺内现存遗物有础石、碑刻、古井及三株古银杏树。最令人瞩目的就是这三棵古银杏树,相传为南朝萧梁时期昭明太子萧统在此读书时手植,古银杏树迄今已有1500多年的树龄,是南京地区现存最老的古银杏树。

三棵银杏树中的长者名为"千年垂乳",树高20.2米,树径7.45米,七个成年人才能合抱。树枝上共有七支下垂的乳瘿,最大的乳瘿长2.18米,乳瘿根部直径为30厘米,周长约90厘米,这七支乳瘿宛如一位饱经沧桑的母亲身上下垂的乳房,因此被称为"千年垂乳"。

仲者名叫"撑天覆地",树高24.7米,树径7.4米,树干高撑天空,树枝遮天蔽地,故而得名。绿意最浓时,树荫覆盖地面半亩有余,可供千人在此纳凉。可惜的是此树在"文革"期间遭到无端砍伐,规模已经远不如前了。

叔者叫作"雷击复苏",树高23.9米,树径4.7米,树干挺直高耸,直指天际,非常突兀。清咸丰年间,树干被一场惊雷击毁了半边,几年后又奇迹般复苏,因此被称为"雷击复苏"。其生命力之顽强,令人叹服。

您知道鸡鸣寺的前身之谜吗

鸡鸣寺，位于南京市玄武区鸡笼山东麓，始建于西晋。西晋永康元年，道场始建，东晋之后，被辟为廷尉署，南朝时，梁武帝在此修建同泰寺，使之一跃成为佛教圣地。侯景之乱后，同泰寺荒芜多年，直到后梁时，人们才又在原址上重建台城千佛院。南唐时称"净居寺"，建有涵虚阁，后又改称"圆寂寺"。宋代又分一半地建法宝寺。至明初时，这里只有一座小小的普济禅师庙。

鸡鸣寺

明洪武年间，朱元璋命人在此修建寺院，规模渐渐扩大。成化、弘治年间占地达百余亩，僧众百余人，楼阁台舍三十余座。清康熙年间，进行过两次大修。乾隆年间，又增建凭虚阁。咸丰年间，又毁于战火。同治年间重修，但只有房屋十余间。寺僧西池等人募捐修建了观音楼，供奉大慈大悲救苦救难观世音菩萨。有意思的是，这里的观音像是倒坐的，面朝北。佛龛上一道楹联道出了原因——问菩萨为何倒坐，叹众生不肯回头。因此，鸡鸣寺又称"观音阁"或"观音楼"。

古瓦官寺因何而得名

古瓦官寺位于南京市集庆门附近，始建于东晋，至今已有1600多年的历史了。东晋兴宁二年，因慧力和尚的奏请，朝廷诏令布施河内陶官的旧址用来建寺，因此称为"瓦官寺"。后来晋简文帝亲临听讲，王公云集，使寺名大盛。顾恺之在此画维摩诘像，更是观者云集，闻名天下。

孝武帝太元二十一年七月遭火灾，堂塔烧毁殆尽。帝敕令复建，并安置戴安道所造的佛像五尊、顾长康所画的维摩像及师子国所献玉像。恭帝元熙元年，又于寺内铸造丈六释迦牟尼像。陈朝光大元年，天台智𫖮（智者大师）入住，讲《大智度论》及《次第禅门》，朝野敬服。寺运随之昌隆，远来听讲者不计其数。唐升元元年改为升元寺。宋太平兴国年间改为崇胜寺。明初，寺庙彻底荒废，一部分改为徐公园林。明嘉靖年间，徐公在园内修积庆庵，称为"古瓦官寺"。万历十九年，僧园和一部分檀越施主在凤凰台建立丛桂庵，称为"上瓦官寺"，而改积庆庵为"下瓦官寺"。如今上瓦官寺改称"凤游寺"，只留下了一部分伽蓝。

您知道兜率寺中的"兜率"二字是什么意思吗

兜率寺位于南京市浦口区狮子岭，明末郑继蕃在此创建狮子岭道场，后改为"兜率寺"。所在地狮子岭，相传地藏王菩萨曾在此讲道，坐了一夜之后，身后的石头忽然崛起，形状像是一只狮子，故得名"狮子岭"。

兜率寺鼎盛时期，寺内常住和尚40余人。寺内有一木质对联，上联是：世间重任实难挑，狮子林中，也好息肩聊倚石；下联是：天下长途不易走，兜率寺里，何妨歇脚漫斟茶。对联句式工整，意味深长，颇含佛理。寺名兜率，也大有讲究。"兜率"二字出自佛经"兜率天"，乃佛家梵语，变作"兜术""兜率陀""都吏多"等，意思是知足、喜足、妙足、上足等，谓"受乐知足而生喜是心也"。"兜率天"分内院、外院，外院为天众所居，内院为弥勒菩萨之净土。据《普翟经》云，"其兜率天有大天宫，名曰高幢，广长二千五百六十里，菩萨常坐此为诸天人敷演经典"。由此可知，寺以"兜寺"命名，体现了郑继蕃

"传经布道，敷演经典"的建寺初衷。

毗卢寺中的"毗卢"指的是什么

南京毗卢寺，位于南京市汉府街，始建于明嘉靖年间，因寺中供养毗卢遮那佛，故名"毗卢庵"。毗卢是"光明"的意思。毗卢遮那佛翻译过来，就是大日如来。他是佛教密宗的本尊，是密宗所有菩萨和佛的最高神明。在金刚界和胎藏界的两部曼荼罗中，大日如来都居于中央位置，他统率着全部的佛和菩萨，是佛教密宗世界的根本佛。

毗卢寺

据《佛学大辞典》中所说，毗卢遮那佛是如来的法身佛。佛教中常常提到"三身佛"，即法身"毗卢遮那佛"，应身"释迦牟尼佛"，报身"卢舍那佛"。这三尊佛在佛教中有个精妙的比喻，法身佛好比是明月，报身佛好比是月光，应身佛好比是月影。即便是水干了，没有了月影，但月亮还在。可见毗卢遮那佛在佛教中地位之高。

毗卢寺的扩建真的是因一句戏约吗

毗卢寺起初只是一个小庵，清咸丰年间毁于战火。后来量宏和尚在此造殿。清同治年间，曾国荃游南岳衡山齐公岩，与海峰法师有戏约"如我督两江，为您造庵"。清光绪十年，曾国荃果真当上两江总督，他不忘自己昔日对海峰许下的诺言，招海峰至南京择地造寺，并与量宏商量，在原毗卢庵址建寺。湘军诸将捐巨资建大雄宝殿、万佛楼和藏经楼等，从衡山运来香木，将原毗卢庵旧址扩大，东至清西河，西至大悲巷，北至太平桥，南至汉府街，又改毗卢庵为"毗卢寺"，造就了南京第一大寺，尊海峰为第一任方丈。

据说乾隆下江南到达南京的第一天晚上，就在毗卢禅院下榻。当晚他吃完斋饭，拜访了104岁的方丈法空大和尚，与其彻夜谈禅说法。他以香客身份在寺内住了三天，处理了很多军政大事，指挥了缉拿白莲教首领"一枝花"的重案，之后才退出毗卢禅院，接受百官的恭迎。

梁武帝真的曾在同泰寺讲过经吗

同泰寺位于南京市城北鸡笼山右，东面与紫金山相对，后面濒临玄武湖，是南朝梁武帝于大通元年下令在皇宫附近建造的。

侯景之乱中，同泰寺被毁，长期荒芜，无人修复。直到五代后梁龙德二年，杨吴政权才在原址上置台城千佛院，规模只有同泰寺的一半大。南唐时，用其故地置净居寺，后改称"圆寂寺"，但又毁于战火。直到明洪武二十年才在同泰寺故址上建起鸡鸣寺。

据史书记载，梁武帝笃信佛教，在他的影响和扶持下，南朝一度出现480寺的盛况。他不仅大力修建寺院，还几度舍身寺院做和尚。据《梁书·武帝纪》上言，梁武帝曾四次舍身同泰寺。前三次在同泰寺里，睡的是素床，床上用的是普通老百姓家的葛帐，用的土瓦茶碗，乘的是小车，每天晨钟暮鼓，敲木鱼念经文，还和寺内僧众一样打扫佛殿，俨然一位真和尚。然而他作出这般姿态，将朝政抛下不理，便急坏了朝中的大臣们，群臣就拿钱一亿万将他赎回。在得到寺内和尚的默许之后，梁武帝才回宫。前三次都是如此。最后一次舍身时，梁武帝已是84岁高龄。他在光华殿讲堂里坐师子座，讲《金字三慧经》，舍身。群臣又以钱一亿万奉赎皇帝菩萨，僧众默许。他在那里待了几天之后，服衮冕，御辇还宫。然后太极殿，如即位礼，大赦天下，更改国号。

就在他最后一次讲完经从同泰寺赎身回去的当晚，同泰寺突发火灾，把佛塔烧毁了。他向人们解释说是道高一尺魔高一丈，要做更大的法事来驱逐魔障，还要建造更高的佛塔来镇压魔障。结果塔还没修好，侯景就攻入南京，把他困在台城了。

长芦寺为何要被刻意烧毁

长芦寺全称长芦崇福禅寺，据光绪《六合县志》引成化县志记载，该寺建于南朝梁普通八年三月以前，北宋天圣年间和南宋淳熙年间曾两度重建。相传当年达摩祖师从印度乘船到广州传教，被梁武帝请到南京讲法，结果二人话不投机，达摩祖师就决定离开南京北上中原。梁武帝派人追赶，到了长江边上，达摩祖师就折江边一根芦苇，飘然而去了。到了北岸，他首先入住的就是长芦寺。之后又转定山寺，再北上少林，面壁九年，创立禅宗。

长芦寺

据宋代徐梦莘所编《三朝北盟会编》的记载，南宋建炎三年十一月，因金国人侵犯和州，建康府通判刘汉之向上级长官杜充献议，说是长芦崇福院有2000间房屋，恐怕金国人得到之后，会将梁木橼子等拆下，系筏渡江，攻打建康，因此最好焚毁。当时的长芦崇福院有重廊层阁，金碧辉煌，禅寺庙规模之大为江淮第一。寺内僧众千余人，听说要焚烧禅院，皆嚎啕大哭。但为了战事，最终还是将寺庙烧毁了。

鹫峰寺与其他著名寺庙有何不同

鹫峰寺坐落于南京白鹭洲，建于明代天顺五年，为纪念唐朝名僧鹫峰而得名。

鹫峰寺所在的白鹭洲历史悠久，东晋时为东府城所在地，南朝时为诗人江总的住所。唐朝开元年间，刺史颜真卿在附近修建放生池；宋淳熙时，待制史正志在附近修建楼阁；明朝天顺年间，建鹫峰寺，属于中刹，下领迥光寺、千佛庵、大中正觉庵等。当时的建筑布局，从《金陵梵刹志》记载的明礼部尚书邹干的《鹫峰寺碑记略》中可见大概："佛殿三间，翼然严正，檐牙栋宇，远近相望。殿之前四天王殿，殿之后有毗卢阁。左庑之半建观音殿，簇以画廊二十余间。右庑之半建藏经殿，亦簇以画廊二十余间，俱彩绘其壁。东廊之前为钟楼，西廊之前为鼓楼。树碑铭。又于正殿之东辟地数亩建佛堂，方丈以为讲经之所。饭僧有堂，祈福有所，栖僧有寮，退居有舍。池塘绕其后，金城抱其左。"

鹫峰寺与其他名寺不同，很多寺庙的名气都得自皇上的宠幸，或者是和大人物有关联。而鹫峰寺的独到之处在于它附近山水秀丽，且几度衰败又几度修整。道光十五年，乡人甘静斋和冯君耀率先捐资重建，并在殿前台基上围以石栏，使寺庙更为坚固。但不久又遭火灾，再加上有小火车从寺院内穿过，减小了寺庙的规模。因此又颓败下去。直到1993年，政府才把寺庙修复完整，并在原来的基础上又修了一座大雄宝殿，从此焕然一新。

"玄奘寺"的名字由何而来

南京玄奘寺位于南京九华山公园内，北临玄武湖，东接太平门，西邻台城。九华山原名覆舟山。据《寰宇记》记载："山周围三里，高三十丈，东接青溪，北临真武湖，状如覆舟，因以为名。"后因山南麓建有小九华寺，遂亦名小九华山，简称"九华山"。

东晋时期山南有北郊坛，里面种植芍药，供皇室使用。宋文帝刘义隆元嘉年间,将此处开辟为乐游苑,成为六朝盛极一时的皇家园林。当时的文人贵族经常在此游玩,并且留下了许多著名的诗篇。宋孝武帝刘骏又在此建造正阳殿和林光殿,并在山阴处凿藏冰井。《首都志》记载:"陈氏立国,更加修葺,宣帝立甘露亭。苑内有西池,以名游乐池,上有藏冰井,此山又有白水苑,阆风亭、瑶台诸胜。"使此处成为六朝宫阙的代表。当时山下还有青园寺、法轮寺、青园尼寺。亦有高僧竺道生来此寺修行。当年夏雷震寺,中佛殿龙升于天,光照西壁,青园寺遂改为"龙光寺"。后来发生战乱,九华山一带均遭到破坏,昔日盛景不复存在,寺庙也消于无形。

民国时期,日军侵占南京后,在雨花台大报恩寺三藏塔遗址挖到一石

玄奘塑像

函,上面详细记载了唐代高僧玄奘顶骨舍利来南京安葬的经过。日军想占为己有,后来在南京人民的抗议下,才将玄奘部分舍利归还。1943年年底,汪伪政府在九华山上建了一座砖塔,供奉玄奘的顶骨舍利,名为"三藏塔"。1964年,南京市政府拨款重建小九华寺,后遭破坏。2003年,南京玄武区政府又拨款重修小九华寺,并更名为"玄奘寺",才最终确定了这个名称。

无想寺跟哪个景点可以成为一副绝妙的对子

无想寺位于南京市溧水区,初建于六朝中期,后又经唐、宋、明、清,几度重建或修建,规模日渐宏大,声名远播。

在该寺周围还有隋末农民起义军将领杜伏威的屯兵地,宋代高僧甄

公的藏骨石塔和石观音洞，元代的招云亭以及明代知县王从善题刻的凤泉、丹鼎、污尊铭、石观音阁、环翠阁、凤泉亭等一批遗址。山腰有一碧池谓之"天池"，山南麓有无想寺水库一座，水库环山绕行，曲折多变，水质保持了天然状态，澄澈清幽。风景秀丽，美不胜收。吸引了不少文人雅客到此作诗留念。

"无想寺"一名十分奇妙，暗含了很高的佛学教义，其"无想"一词，耐人寻味。世人常常将其跟"莫愁湖"相对，构成一副绝美的对子。

大报恩寺内的"三绝"是哪三绝

大报恩寺位于南京秦淮河畔的长干里。其原址有建于东吴的长干寺及阿育王塔，史称"江南第一寺"。大报恩寺于永乐十年动工，到竣工历时19年，施工极其考究，完全按照皇宫的标准建造。建造时，地基上先钉入粗大木桩，然后烧成木炭，再用铁轮滚石碾压，木炭上又加铺一层朱砂，用来防潮、杀虫。寺内有殿阁20多座，画廊118处，经房38间。大殿后面有琉璃塔，九层八面，高达78.2米，站在数十里外的长江船上就可看见。规模宏大，金碧辉煌，与灵谷寺、天界寺并称为"金陵三大寺"。

琉璃塔

如果说大报恩寺是一顶皇冠，那么琉璃塔无疑就是皇冠上的明珠。在它存在的400年间，中国没有一座建筑物可以与之相比。在南京城的任何地方，只要抬起头，就可以看见这座琉璃塔。琉璃塔修成之后，朱棣赐名"天下第一塔"，此塔有"三绝"。其一绝，塔的高度是中国古代有确切记载的最高建筑，且在塔的最顶端，有一颗纯金制的宝珠，直径约

4米，据说重达2000余两。其二绝，琉璃塔的主体是砖砌的，除了顶端有一根通心木外，整座塔"不施寸木"，全部用各种颜色的琉璃构件榫合而成。而且几乎每个构件的形状、尺寸和颜色都有差异，因此烧制极为不易，这也是建塔耗时如此之长的原因。当时每个构件都烧制了三套，另外两套埋在地下以备用。其三绝，无论刮风下雨，月明月缺，每当夜色降临，琉璃塔上就会点燃144盏油灯，彻夜不熄。不管你是在江面打渔，还是在深山樵采，都会被佛光指引，永不迷路。这些油灯被安置在用蚌壳制成的灯罩内，有专人按时点亮，以确保琉璃塔夜夜通明。

琉璃塔是我国建筑史上的一大奇迹，是我国建筑艺术的伟大成果。明清时期，外国游客和传教士来到南京，称其为"南京瓷塔"。将大报恩寺琉璃塔与罗马斗兽场、亚历山大地下陵墓、比萨斜塔等统称为"中世纪世界七大奇迹"。在洋人眼里，大报恩寺是代表中国文化的标志性建筑物，是中国文化的象征。可惜的是在太平天国期间，北王韦昌辉因为担心石达开在塔上向城内炮击，就派人将琉璃塔炸毁了。

法眼宗是在清凉寺内创立的吗

南京清凉寺坐落于南京城西清凉山，唐僖宗中和四年修建，原名"兴教寺"。明初称"清凉寺"，沿用至今。清凉寺原有规模较大，唐后主李煜常在寺内留宿。寺内德庆堂的匾额，相传就是李煜所题。

法眼宗是中国佛教禅宗五家之一，源自南宗青原一派，为五代文益禅师所创。文益七岁依新定智通院全伟禅师出家，后来到明州鄮山育王寺从律师希觉学律，兼习儒家经典，后又改学宗乘。接着游历各佛教丛林，最终到临川，住在崇寿院，开堂接众。南唐开国君主李建国，请他到金陵，住报恩寺，号净慧禅师。后来又迁住清凉寺，前后三座道场，诸方丛林都遵循他的风化，亦有异域僧人仰慕他的声望，跋山涉水而来。一代禅风由此而扬。文益圆寂后，南唐中主李璟谥为"法眼大禅师"，后世因此称此宗为"法眼宗"。

清凉寺的幽冥钟因何而来

《增一阿含经》写道："在打钟的时候，愿一切恶道受苦的众生，各种苦难都能够停止。如果听到钟声、佛的经咒，就能够消除五百亿劫生死的重罪。"

幽冥钟

据说，南唐上元县有一个村民死后三天又活了过来。他说，死后在阴间，看到先皇帝在阴间受到严刑拷打，惨不忍睹。先皇帝对他说："我活着时听信了宋齐民的谗言，误杀了已经投降的一千多人，这些冤魂在阴间告我，所以才被囚禁在此接受惩罚。如果能够听到丛林大钟的声音，我就可以暂时消解痛苦。你回去后要告诉继位者，让他为我造一口大钟，常常敲打。如果他不信你，就拿出我藏在瓦官寺佛像左膝中的玉天王为证，这件事谁也不知道。"

村民将实情禀告给当今皇上，验证属实后，皇帝便造了一口大钟放在清凉寺，命人常常敲打。大钟上刻有"超荐烈祖孝高皇帝，早日脱离幽冥出苦厄"的文字，这就是幽冥钟的来历。

南京的陵墓

六朝陵墓指的是哪六朝

六朝陵墓指的是六朝时期在建康建造的众多帝王陵墓和贵族陵墓。它分布在今天的南京、丹阳和江宁一带。据史籍记载,这些陵墓属于帝后王侯的共71处,至今被发现的有迹可考的共31处。它们有宋武帝刘裕的初宁陵、齐宣帝萧承之的永安陵、齐高帝萧道成的泰安陵、齐景帝萧道生的修安陵、齐武帝萧赜的景安陵、齐明帝萧鸾的兴安陵、梁文帝萧顺之的建陵、梁武帝萧衍的修陵、梁简文帝萧纲的庄陵、陈武帝陈霸先的万安陵、陈文帝陈蒨的永宁陵,以及梁代宗室王侯萧宏、萧秀、萧恢、萧憺、萧景、萧绩、萧正玄、萧暎等人的墓葬。

六朝陵墓遗址

所谓六朝,是指在中国历史上三国至隋朝时期先后在南京建都的六个朝代。从孙权建立的东吴开始,到后来的东晋、南朝宋、南朝齐、南朝梁、南朝陈,一共有六个朝代。六朝承汉启唐,创造了极度辉煌的六朝文明,在科技、文学、艺术等方面都达到空前高度。当时的南京城人口超过百万，为世界第一。与古罗马城并称为"世界古典文明两大中心"。但同时，六朝的政权更迭太快，每个政权的平均寿命只有55年。父子君臣之间相互杀戮，生前夺位，死后连陵墓都不能幸免。很多王侯都是入葬后不久就遭到毁墓。当时的统治者继承了东汉的堪舆术，选墓地特别讲究"风水"和"望气"。墓室的修建规格对于后来唐、宋、元、明都有影响，墓室里面的砖画非常精美，由于当时六朝著名画家顾恺之和戴奎的真迹都没有流传下来，因此这些砖画就成为研究南朝时期绘画艺术的重要实物资料。

明孝陵为何有"明清皇家第一陵"的美誉

明孝陵是明朝开国皇帝朱元璋和皇后马氏的合葬陵墓，坐落在南京市紫金山南麓独龙阜玩珠峰下，东毗中山陵，南邻梅花山，是南京最大的帝王陵墓。始建于洪武十四年，翌年马皇后去世，入葬其中，因马皇后谥号为"孝慈"，所以称为"孝陵"。明孝陵宏伟壮观，代表明朝建筑艺术和石刻艺术的最高水平，而且直接影响到此后明、清两代五百余年的帝王陵墓建制。后来的帝王陵墓均按照明孝陵的模式建造，因此明孝陵有"明清第一陵"的美誉。

当时的明孝陵建成后有皇墙45华里，护陵的驻军有五千多人，陵园内享殿气势恢宏，阁楼相接，南朝70寺有一半都被围入禁苑之中。里面还放养了上千只长生鹿，加以松涛林海，烟气缭绕，恍若仙境。墓区建筑分为两部分，第一部分是神道，从下马坊到孝陵正门；第二部分是主体建筑，从正门到宝城、明楼、崇丘。整个建筑群都依照中轴线对称设置，完全是中国传统建筑的风格。明孝陵还首开第一代皇陵的神道可以为后代子孙共用的制度，按皇宫布局分为"前朝后寝"三进院落制，一改唐宋陵寝上下宫和十字轴线的制度，为后来明清帝王的陵寝制度提供了典范。

明孝陵是我国现存的最大陵墓之一，反映了明代建筑艺术的水平，是艺术匠人的智慧结晶。但历经六百多年的沧桑，如今地面建筑基本无存，只剩下当年庞大的格局，依稀可见当年盛况。

明孝陵中为何要修建御河五龙桥

南京地区雨量充沛，钟山主峰的雨水主要经孝陵陵宫区域排泄，明孝陵必须建有完善的排水系统，才能确保陵宫不被山水侵袭。因此，孝陵陵区内设有外御河、内御河和宝城御河三条排水系统。

这三条御河将陵域划分成导引区、神道区、前朝区和后寝区，同时通过三组御河桥，将这四个区连接在一起。第一组御河桥介于碑亭和神道石刻之间，如今只剩御桥旧址，今称"虹桥"。第二组桥位于神道尽头，是直通陵宫的桥梁，并排五座，又称"五龙桥"。它与陵宫处于同一南北中轴线上，桥身是石构单曲拱桥样式，与正北方200米处的五孔陵宫门一一对应。现在仅存中间3座。桥身起券，两侧有散水螭首和护栏望柱。第三组御桥处于方城之前，石造单券拱桥，桥身体量宏大，结构牢固，

五龙桥

做工细腻，是明初桥梁建筑中的杰作。过了这座御桥便是朱元璋的陵寝，因此桥名为"升仙桥"。

明孝陵的排水设施很多，除三条御河外，陵宫地下还建有巨大的涵道，陵宫内则建有地下排水管道，地面建筑周围均以砖铺设散水和明

沟，享殿台基四周有数十个向外悬挑的散水螭首，陵宫宫墙外也以砖铺设散水。整个排水体系和细部设施，既实用又美观；既充分利用原有河道的地形，又艺术地将其融入陵区的布局之中，高度体现了南方多雨水地区建筑规划上的科学性和艺术性。

明孝陵前的治隆唐宋碑有何寓意

明孝陵御碑亭内有五块碑，其中一块上刻着"治隆唐宋"四个大字，由清康熙皇帝手书。康熙皇帝六次南巡，五次拜谒明孝陵，行三跪九叩大礼，从山门磕头一直到陵墓下，而且还写下了这四个字。这四个字的意思是，朱元璋治理下的明朝，其兴隆程度超过了唐宋两朝。那么，康熙为何要对朱元璋如此盛赞呢？

治隆唐宋碑

因为清朝是北方少数民族建立的，在汉族人眼里，他们属于"蛮夷"。一向自诩为天朝上民的汉族人，自然不会信服于清朝政府。而且满人入关之后大肆屠杀百姓，发生了"扬州十日""嘉定三屠"等惨绝人寰的事件，因此在江南百姓，尤其是读书人阶层眼里，清朝是不受待见的。就算在高压政策下低了头，心里还是不把清王朝奉为正朔。有清一朝，自入关之日，就有民间的反清势力在活动，一直持续到清朝灭亡，而且这种势力在士子阶层是被默认甚至赞许的。这样的活动很不利于清朝统治。因此康熙六下江南而五次祭拜明孝陵，为的就是笼络民心，做给江南读书人和百姓们看，意在清朝也奉明王朝为正朔。

其次从史实上讲，明王朝无论是文化、科技、艺术都不比唐宋时期差，综合国力在明万历年之前也一直是世界第一。郑和下西洋有着全世界最大的船队，明代四大名著流传至今，也是中国文学史上的不朽丰碑。因此"治隆唐宋"四个字，明朝当之无愧。

明孝陵前的六国文字碑是为防止游客"涂鸦"而立的吗

在明孝陵文武方门的东侧红墙下和门内碑殿东墙下，有两块石碑。碑文的内容一模一样，最上面写了四个篆体字：特别告示。但顺着篆体字往下看，却都是外国文字了。而且还不止是一个国家的，而是六国的文字。那么，刻这些有外文的石碑是何用意呢？

据史料记载，这两个告示碑是清宣统元年（公元1909年）由两江洋务总局道台和江宁府知府会衔所立。碑文的意思翻译成汉语即：鉴于明孝陵内御碑及附近古迹历年破坏、毁损情况严重，端方总督大人下令竖立围栏对其加以保护。有越栏参观或者可能对前述御碑及陵区古迹造成损坏之行为，一律禁绝。端方是当时的两江总督，而且管辖的是江苏、江西、安徽三省。如此高级别的官员来下令禁绝此事，说明当时国门打开之后，一些来旅游的洋人在景点内胡乱"涂鸦"，政府忍无可忍，才被迫立碑告示。

当时端方不仅立碑告示，还下令将明孝陵内的石刻全部装进木栅笼子里，以绝游人，使其不能在上面信手胡画。但尽管如此，在明孝陵神功圣德碑上，还是能看到清末俄国人留下的刻字。

您了解明东陵主人朱标的童年吗

朱标，明太祖朱元璋的嫡长子，当时的皇储。出生于明军攻占太平府的军旅中，很受朱元璋的宠爱。朱元璋还是吴王的时候，就封他为世子，让他跟随大儒宋濂学习经传。朱元璋登基之后，修建大本堂，藏书万卷，广征四方名儒来教导太子，一心想把他培育成一位优秀的守成之主。在洪武十年，更是把朝政都教给太子打理，下令群臣把政事先请太子处分，再来向他奏闻，以培养太子处理政事的能力。平日里还经常教导太子要勤政，知道江山来之不易。洪武二十四年，朱标受命巡视陕西，返朝大病不起，于次年四月去世。谥号"懿文"。

后人在评价朱标的时候，都觉得他虽然年寿不长，但平淡顺利，一生下来就是皇储，极享人间富贵。其实不然。因为他身处政治斗争的漩涡中心，无时无刻不承受着来自各方面的打击。他自幼研习圣贤经典，宽仁爱人，执政以宽，与他那戎马一生的父亲大不相同。朱元璋生性残暴，常开杀戒，朱标每每劝诫。有一次，朱元璋要杀朱标的老师宋濂，朱标为之求情，朱元璋竟然大怒说，等你做了皇帝再赦免他吧！特别是朱标自陕西归来后，朱元璋让他审批死刑犯，并且令礼部尚书詹徽佐助他。朱标欲宽，詹徽欲严，朱元璋明确赞成詹徽。朱标说，立国应以仁慈为本。朱元璋盛怒说："孺子难道想自己当皇帝来教育我吗？"朱标由此惊吓过度，不知所措，随后就染上了重病。众多史学家都认为正是此次冲突，导致了朱标的早逝。

由此可知，朱标虽然贵为太子，但一切都在朱元璋的操控之下，没有一点自由。他的一生都在闷闷不乐中度过，给人以"何生于帝王家"的感叹。

明东陵遗址

朱标的"帝号"为何被废除

朱标自陕西视察归来,一病不起,于洪武二十五年去世。朱元璋悲痛之余,只好立朱标的儿子朱允炆为皇太孙,来接替自己的帝位。公元1398年,朱元璋也驾崩了。朱允炆即位,号"建文"。建文帝在位时,追封其父朱标为"孝康帝",庙号"兴宗"。

建文四年,燕王朱棣以"靖难"为名,起兵叛乱,攻入南京,夺了皇位。朱棣称帝之后,为统治的需要,对朱标的子孙进行了残忍的杀害,同时还废除了建文帝的帝号、朱标的帝号及庙号,并恢复朱标陵为懿文太子陵,想抹除朱标以及建文帝的历史痕迹。朱棣死后,正德、万历、崇祯年间,不断有大臣提出恢复朱标和建文帝的帝号,但均遭不决。直到清乾隆时期,朱标和建文帝的帝号才被恢复。

南京为何没有朱允炆的陵墓

明朝一共十六位皇帝,朱元璋死后葬在明孝陵,朱标死后葬在明东陵(当时是懿文太子陵)。后来朱棣造反成功,迁都北京,因此后十三位皇帝的陵墓都在北京,即明十三陵。明朝历代皇帝的陵墓都有迹可循,唯有建文帝朱允炆的陵墓却无处查找。这是为什么呢?

据史书记载,当年朱棣攻入南京时,宫中火起,帝不知所终。燕王遣中使出帝后尸于火中。也就是说,在叛兵攻入皇宫的时候,建文帝和皇后一起自焚了。《明实录·太宗实录》里面也有记载,朱棣在即位之后,给朝鲜国王的诏书上说:"不期建文为权奸逼胁,阖宫自己焚燃。"因此按照史书上的说法,建文帝是被火烧死了。而尸体又不能分辨清楚,于是就没有修建陵墓。

但民间更倾向于建文帝出家做了和尚，说在宫中火起之时，他扮作和尚逃走了，火里面烧死的其实是太监。后来很多地方都传出了建文帝的遗迹。东明寺大雄宝殿内右侧就刻有朱允炆塑像，殿柱上有如下对联：僧为帝，帝亦为僧，一再传，衣钵相授，留偈而化；叔负侄，侄不负叔，三百载，江山依旧，到老皆空。还有据说是建文帝自己写的诗："家从京畿而来，回首五岳峨眉，此等山川甲天下；帝似尧舜以后，伉怀秦皇汉武，如我王孙旷古今。"似乎都能佐证他并没有被烧死，而是逃了出来。总之是下落不明了，因此也就没有修建陵墓。

为何孙中山生前就决定将自己的陵墓选在明孝陵旁

1912年3月，孙中山辞去临时大总统职务之后，与胡汉民一起到紫金山打猎，当时看到紫金山风景秀丽，就表示死后想要安葬于此，他说"他日我辞世后，愿向国民在此乞一抔土，以安置躯壳尔"。当

中山陵

然，这时还只是一句戏言。但在1925年临终前一天，孙中山明确对汪精卫提出，"吾死之后，可葬于南京紫金山麓，因南京为临时政府成立之地，所以不可忘辛亥革命也。"可见这是他的遗愿了。

孙中山先生是近代民主革命的先行者，他所领导的辛亥革命一举推翻了清朝政府，在客观上，与明朝开国皇帝朱元璋有相似之处。因为他们都推翻了少数民族统治，光复了汉族政权。清帝刚刚退位，孙中山就率领各部将领和数万士兵，到明孝陵举行祭奠，称清朝的覆灭"实维我高皇帝光复大义，有以牖启后人，成兹鸿业"，体现了孙中山对明太祖的尊崇。国民党内部也经常有人把他俩相提并论，但吴稚晖指出，朱元

璋只是民族主义，而孙中山在民族主义之外，还发展民权和民生主义，比前者更伟大。因此在修建中山陵的时候，葬事筹备处就特意将中山陵的选址地点定得比明孝陵要高。建成后的中山陵，墓室比前代所有陵墓都高，中山陵碑石也大过明孝陵的神功圣德碑。

"南唐二陵"是哪两位皇帝的陵墓

南唐二陵位于南京市江宁区祖堂山南麓，分别指的是钦陵和顺陵。钦陵安葬的是五代时期南唐的开国皇帝李昪及其皇后宋氏，顺陵安葬的则是南唐中主李璟及其皇后钟氏。1950年由南京博物院组织挖掘，至1951年挖掘完成。二陵相距50米。钦陵全长21.48米，分前、中、后3个中室和10个侧室，室壁刻有双龙戏珠、天象和河川等图像，以及披甲武士像。顺陵全长21.9米，内部构造简单，没有天象和河川图像。两陵均是封土而成，高高隆起，当地百姓都称之为"太子墩"。

两陵的墓室规制基本相同，但钦陵有初唐时雄伟壮丽的帝王气象，而顺陵在气势上差了很多。说明到了南唐中后期，国势已经大不如前，显现出这位没落君主"手卷真珠上玉钩，依前吞恨锁重楼，风里落花谁是主，思悠悠"的政治形象。两陵东、西并列，多次被盗。但仍有600多件文物出土，其中还有珍贵的陶俑和玉哀册，对于研究五代历史有非常重要的价值。

郑和死后到底埋在了哪里

郑和墓位于南京江宁区牛首山南麓，因为郑和的父亲叫"马哈麻"，人称"马哈只"，因此当地人就以为郑和原姓马，称墓为"马回回墓"。郑和墓所在的山,叫"回回山"。墓园附近有一村落,叫郑家村,村里人大都姓郑。据村里的一位老人说,他们是郑和随从的后代,郑和死后,他们的祖上就给郑和看坟,朝廷赐他们姓郑,还赏了100亩良田,到现在还在种。这里就是郑和的坟墓。每年清明和冬至,全村人都会去郑和墓前上香祭祀。

但据学者研究,郑和死后归葬牛首山并不合情理。因为郑和是在公元1433年4月死在印度古里,船队7月份才回国。而按照伊斯兰教的教规,必须"裹身不棺",因此郑和的遗体不可能完好地带回国内安葬。

郑和墓

而且以当年郑和的显赫地位,他的墓应该有很大的规模,但牛首山的郑和墓,跟寻常百姓墓并没有多大差别。另外从文献资料上来讲,没有一本明代的资料指出郑和墓是在牛首山。最能接近事实的说法是,郑和葬在了印度尼西亚爪哇岛的三宝土龙,因为当时天气炎热,遗体不能保存,就葬在了路过的三宝土龙。现在当地还有三宝洞供着郑和像,洞旁边有三宝墩,据说这才是真正的郑和墓。而牛首山的郑和墓,只是郑和的衣冠冢。是当时郑和的随从将其辫子剪下,脱掉靴子,一起带回国内,葬于牛首山的。

廖仲恺墓为何会搬到南京

廖仲恺先生的墓位于南京钟山南麓天堡城下,明孝陵以西,是廖仲恺与其妻子何香凝的合葬墓,亦是中山陵著名的附葬墓。墓主夫妇是中国近代国共两党的风云人物。

廖仲恺,原名恩煦,又名夷白,广东惠州人。生于美国华侨家庭,少年就读于美国，后辗转就读于香港地区、日本等地，因国家的贫弱状态而萌发强烈的民族意识和爱国热忱。1905年秋，廖仲恺与何香凝在日本一同加入中国同盟会，从此追随孙中山的革命事业，成为了孙中山最得力的助手之一，在历次革命中作出了巨大贡献。孙中山去世后，他继续贯彻执行孙中山的"三大政策"，因而受到国民党内部极右派的仇视，于1925年8月20日在广州国民党中央党部门前被暗杀，终年48岁。他的被害，引发了国共两党的震动，毛泽东和周恩来纷纷撰写悼念文章。国民政府为他举行了隆重的追悼大会，然后将其安葬在广州驷马岗朱执信墓的左侧。不久之后，国民中央政府决定将廖仲恺墓迁往南京中山陵附近，以表彰他在民主革命和孙中山领导的革命事业中作出的不朽贡献。

李文忠究竟是怎么死的

李文忠，字思本，小名保儿，是明朝开国皇帝朱元璋的外甥。他聪明好学，熟读诗书，且又骁勇善战，可谓是文武全才。少年时天下大乱，他父亲带着他去投奔朱元璋。朱元璋看见他非常高兴，就让他改姓朱，跟随自己征战。

公元1357年，19岁的李文忠以舍人的身份率领朱元璋的亲军支援池州，第一次作战就显露出极高的军事天赋，立了大功。公元1358年，20岁的他会同其他将领从元朝手中夺取建德，因功升为亲军都指挥，收降苗帅旧部3万多人。年少从军的他，后来屡建奇功，为朱元璋驱逐元兵平定天下立下了汗马功

李文忠墓

劳。他也是朱元璋的将领中唯一一个读过书的人，因此通晓大义，常常劝谏朱元璋不要杀人，不要委用宦官，为此跟朱元璋产生过几次矛盾。洪武十六年冬天，李文忠染病，洪武十七年三月去世。病中，朱元璋亲自来看望他，特意吩咐华云龙的儿子淮安侯华中负责料理他的医药。李文忠死后，朱元璋怀疑是华中照顾不周，就把华中的侯爵贬了，家属也流放了。而且还怀疑是医生下了毒，就把所有诊视过李文忠的医生全部砍头，连他们的家属也不放过。朱元璋这样做，可能是出于一时气愤，但也引起了后人的猜疑，觉得他是"欲盖弥彰"。李文忠死后，朱元璋亲自写文致祭，追封李文忠为岐阳王，谥号"武靖"。配享太庙，肖像挂在功臣庙，位列第三。

渤泥国王墓为何会在南京

渤泥国王墓，位于南京市安德门外石子岗，是我国现存仅有的两处国外帝王墓之一。因渤泥国的宗教信仰是伊斯兰教，所以当地群众称之为"回回墓"。20世纪50年代，南京市开展文物普查时，发现横卧在荒草乱石中的一群石刻，石刻的艺术风格与明初功臣徐达、李文忠等墓相似，因此就断为明墓。后来从土中的断碑上，辨认出部分碑文："……善药调治，遣中贵人劳问，旦暮相继，又命大臣视王疾，……""体魄托葬中华，不为夷鬼""得年二十八"等，才判断出是渤泥国王墓。

据《明史》记载，永乐六年，渤泥国王携王后和王子一行150多人，漂洋过海来到明朝，受到明成祖朱棣的盛情款待。但不幸的是，渤泥国国王在南京染病，虽然朝廷派了御医精心调治，最终还是不治而亡。朱棣遵其"体魄托葬中华"之遗愿，就按王礼把他安葬在了南京。

您听过马纯仁投河被封桥神的故事吗

明末清初时候,清兵入关,大肆屠杀中原百姓,制造了"嘉定三屠"和"扬州十日"这样的惨案。凡是反抗的都遭到杀戮,尸横遍野,活着的人们如惊弓之鸟,整个神州大地像是一座地狱。

江宁县有个书生马纯仁,看到生灵涂炭到如此地步,义愤填膺,找到自己的同窗好友汪汇,声音哽咽地说:"我们读了十几年圣贤书,如今看到百姓遭难,难道就无动于衷吗?汪汇答道:"你我都是一介书生,何能为也?"马纯仁说:"事到如今,我们即使不能像史可法那样为国捐躯,也要以死明志了。我准备去投河自尽,你呢?"汪汇答:"咱俩是多年好友,岂能任由你一个人去死?我陪你!"两人于是约好在龙津桥自尽。说完,马纯仁就回去准备后事了,而汪汇却越想越害怕。毕竟自己上有老下有小,再说读了这么多年书,还没有当上官,就这样死了,多不值?他想来想去,就想出个"丢鞋充死"的办法,在马纯仁去之前,他在桥沿上放了一双自己的鞋子。马纯仁来了一看鞋子,以为汪汇已死,就往河水里拜了三拜,大哭着跳下去了。人们都为他的精神感动,就在桥头给他树了一个神像。有人说,马纯仁的忠心感动了玉皇大帝,被玉帝封为桥神了。

假死的汪汇后来考中了进士,当上了知县。他衣锦还乡,走到龙津桥时,一下子看到了马纯仁的雕像,怒目圆睁,好像是在斥责他。他心慌不安,连忙跑回家去,结果不久之后就吐血而亡了。

明孝陵的朱元璋画像有何来历

一天,朱元璋心血来潮,想要画一幅像,以流传后世,他命人遍寻绘画高手为自己画像。然而，众画家的作品，朱元璋都不满意。他的画像为何如此难画？原因是朱元璋的长相。他长得很丑，马脸猪嘴，脸上还有三十六颗红麻子，画家一看就头疼，不知该如何下笔。照着真容画出来，朱元璋觉得丑，一发怒便要杀人。

一次，朱元璋又找来了画家三兄弟，命他们给自己画像。

明孝陵中的朱元璋画像

第一天，老大去画，他认真地观察了朱元璋的脸，将三十六颗麻子数得一颗不少，经过精工细描，画得惟妙惟肖，栩栩如生，远看就像真人一样。谁知朱元璋一看顿时大怒，将老大拖出去斩了。

第二天，老二去画，他吸取了老大的教训，更加认真，他仔细端详了朱元璋的脸，连三十六颗麻子的颜色深浅，部位在哪里都画得清清楚楚。他画出了一个活灵活现的朱元璋，马脸猪嘴，三十六颗红麻子。朱元璋看完，夺过来就将画像撕了，说是不像，一跺脚就将老二也杀了。

晚上，老三在家睡不着，大哥和二哥都不明不白地死在了朱元璋的手中。就在他正犯愁时，走进来一个陌生人，上来就问："你是想死还是想活？"老三急忙说，他正在想自己的两个哥哥哪点没画好招来杀身之祸。那人笑道："你不用想了，原因就是他们俩画得太像了！这岂不是找死？你不用愁了，皇上平生最佩服唐太宗李世民与宋太祖赵匡胤，你只要将他们二人的像看透，明天就照着他们的样子画，保准没事！"老三心想，怎么也是死，不如冒险一试。

第三天，老三去了，他装模作样，左看右看，将朱元璋认真观察一番，然后提笔画了起来，人像看上去像唐太宗，又像宋太祖，就是没有一点像朱元璋。画完后，他送到朱元璋面前，朱元璋看完眉头舒展，嘴

角上翘，大笑道："画得好！画得好！给我重赏！"

据说，如今明孝陵中陈列的朱元璋画像，就是画家老三那时画出来的。

明孝陵的石人雕像为何会被称为石驸马

明孝陵的神道两旁，站立着十几对用整块石料雕刻而成的石人。但是其中有一个手持金瓜的武将，他的头与身体不是一个整体，而是另外装上的。据说，这个石人正是当年朱元璋的"石驸马"。

明朝洪武年间，朱元璋登上皇位后，大兴土木，提前为自己修建了规模宏大的陵墓。而且，还特地征集了天下著名的石匠，雕刻出成批的石人石兽，分布在自己的陵墓周围站岗护卫。

朱元璋有个小公主非常喜欢神道旁的一个石人武将，常常跑去与石人武将玩。一天，她摸着那石头武将的甲袍害羞地对朱元璋说："如果有一天他来迎亲，我就愿意嫁给他！"

当天晚上，人们就被"轰隆隆"的响声给吓倒了，都不知道发生了什么事情。御林军匆忙跑去向朱元璋报告："陛下，不好啦！神道旁的石头将军竟然跑来了！嘴里还说要来迎娶公主，要与公主成亲！"朱元璋一听，又气又怕，心想我的小公主不愁嫁，无论如何也不可能配个石人啊！可是朱元璋又不敢赖这门亲事，谁也打不过石人啊！这时，刘伯温前来献计，如此这般说了一遍。于是，朱元璋笑容满面地对石人说："既然小女已经答应你，承蒙将军厚爱，这门亲事我也同意。请将军暂且回去，等朕选个黄道吉日，亲自送小女到府上完婚。"

石人一听朱元璋这样说，就马上回去了。可是，他哪里知道这是刘伯温出的缓兵之计啊！第二天，朱元璋立刻派人砍掉了石头将军的脑袋。直到朱元璋下葬的时候，才重新雕了个石人头给装了上去。

南京城里的趣闻与名人故居

老南京历史悠久,又是"六朝古都",人来人往,自然发生了不少有趣的事情,其中有关于帝王将相的传说,更不乏文人墨客的趣事,引人入胜,促人深思。"正是江南好风景,落花时节又逢君",文化底蕴深厚的南京对许多人有着巨大的吸引力,早在20世纪30年代,著名文学家朱自清先生游历南京后,写下的《南京》一文中就有这样一段评价:"逛南京像逛古董铺子,到处都有些时代侵蚀的痕迹。你可以揣摩,你可以凭吊,可以悠然遐想……"

南京城的民间趣闻

石头城是孙权建的吗

石头城泛指今天的南京，具体则指南京城老城西面的石头山石头城。它依山临江，不仅是风景胜地，还是战略要地，自古以来一直都是兵家必争之地。

据史书记载，公元前333年，楚国灭了越国，楚王设置金陵邑，并在清凉山上筑城。后来秦统一六国，灭了楚国，改"金陵邑"为"秣陵县"。相传三国时期，在赤壁之战前夕，诸葛亮作为使臣出使吴国。在经过秣陵县时，他特意骑马到石头山上观察地势，看到以钟山为首的群山龙盘虎踞在长江岸边，于是感叹道，"钟山龙蟠，石头虎踞，真乃帝王之宅也"。到吴国后，就向孙权夸赞秣陵的好处，建议迁都秣陵。于是赤壁之战结束后，孙权就迁都秣陵，改秣陵为建业。翌年修筑了石头城。建成以后，就一直在此训练水军，成为当时的水军军事基地。

石头城遗址公园

石头城不止一个吗

石头城代指南京，大家都知道。但谁知道其实历史上一共有过四个石头城呢？

第一座石头城，建于公元212年，是孙权在秣陵县的基础上改建的。此时的石头城，是临江而建的，为了便于水军训练。根据《晋书·五行》记载，"涛水入石头，溺死数百人"，说明此时的石头城并没有建在石头山上，而是建于平地，山上所建的只是报警用的烽火台。另据《建康志》中"陈霸先填塞石头城东门诸井，以断柳达摩汲路"的记载来看，更加说明了石头城是在平地，因为在石头山上掘井是不符合常理的。

第二座石头城也是孙权建造的。《景定建康志》引《六朝记》记："孙权沿淮立栅，又于江岸必争之地筑城，名曰石头，常以心腹大臣镇守之"。这座石头城跟原来那座在一条南北线上，用来储备兵器军粮，做军事仓库之用。

第三座石头城是南朝梁代侯景所筑。当时是为了防止王僧辩攻打孙权所筑的第一座石头城，就在秦淮河的入口处修了一座新的石头城。《建康志·表六》中记载：永圣元年，"庚辰，僧辩督诸军至张公洲。辛巳乘潮入淮，进至禅灵寺前。景召石头津主张宾，使引淮中舸及海艟以石缒之入淮口，缘淮作城，曰石头"。这座石头城，侯景之乱被平定后便废弃不用了。

第四座石头城，就是如今清凉山上的石头城。这座石头城，是五代杨吴时，杨行密为了在布局上能"夹淮带江，以尽地利，其形势与长干山接"，才把第一座石头城迁至清凉山的。

梁武帝为何会饿死台城

南朝梁武帝，姓萧名衍，字叔达。他篡齐为梁，建都建康，在位48年，勤政爱民，国势日盛。而且笃信佛教，十分虔诚，曾三次舍身同泰寺。他的皇后郗氏死后，他写了梁皇宝忏来超度他，流传至今。这样一位聪慧的帝王，怎么会落到饿死的地步呢？

梁武帝太清二年八月，侯景勾结建康京城守将萧正德，起兵叛乱。

台城

侯景是被鲜卑族同化的羯族人，曾是东魏将领，后来又投靠西魏。梁武帝为收复中原将他招纳，封为河南王。后来在与东魏的战争中，梁宗室子弟萧渊明被东魏俘获，梁武帝打算用侯景与东魏交换萧渊明。侯景得知后，怒而造反。后攻破皇城，将萧衍困在台城活活饿死，终年86岁。据说梁武帝临死前感觉嘴里苦涩，想要一点蜂蜜，都被侯景驳回。

其实，身为一国之主，有这样的下场，归根到底还在于政治上的腐朽。虽然梁武帝在位期间有着卓著的政绩，但到了晚年，他的猜疑心变得很重。亲小人，远贤臣。任人唯亲，只重用皇室成员。导致了朝政败坏，进而政权崩溃，江山不保。

梁武帝饿死台城的因果传说

梁武帝一生勤政爱民，广施仁爱，且笃信佛教，以倾国之力广修寺庙，印制佛经，弘扬佛法，致使我国佛教史上出现了"南朝四百八十寺"的极盛之时。如此修福向善的人，却落了个饿死的下场，真是令人唏嘘和不解。对此，民间的传闻可以解释一二。

史书上说当年达摩祖师从印度来到这里，见到了梁武帝，准备在此传教。梁武帝炫耀地问他，我修建了这么多寺庙，印制了这么多佛典，也度了很多人出家，这样算有功德吗？达摩祖师说，并无功德。梁武帝听了就很不高兴。于是达摩祖师就折了一根芦苇，一苇渡江，到了少林寺，发扬了禅宗。后来，梁武帝问宝志禅师，我的寿命还有多长？禅师答道，我圆寂的时候，所住的那座塔什么时候倒，你什么时候就可以往生了。禅师圆寂后，梁武帝一看那是座木塔，就派人把木塔拆了，改建石塔，这样就永远不会倒了，他也就一直可以活下去。谁知木塔刚拆，侯景就造反了。

据传梁武帝的前世是一个修行僧，他修行的地方，有一只通灵的猴子，每当他要入定，那猴子就来搅扰他，怕他睡着了不念经。虽说是修行的人，能够把持心性，但时间久了，他也烦了。于是他就把猴子关在了旁边一个洞里，然后入了定。几天后他出定，突然想起猴子还在洞里关着，连忙来看，结果猴子已经死了。猴子死之前恨念很深，发誓来生要找修行僧报仇。后来修行僧因为修行很高，虽未成佛，但也当了皇帝，就是梁武帝。猴子就托生成侯景，造梁武帝的反，然后把他关到台城饿死，以报前世之仇。

众善奉行，诸恶莫做。这个传闻教导我们，为人还是要多做善事，否则就是无心的小恶也会引来报应。

楚王庙真的能分辨出好人与坏人吗

高淳区固城湖边有个楚王城遗址，相传春秋时期，吴国在此修建了固城，不久被楚国占领。当时的楚平王爱民如子，广施仁政，深受当地百姓的爱戴。他死后，人们修建了一座楚王庙来纪念他。

且说楚平王生前仁爱，死后也还是一心为民。凡是来庙里烧香的，有求必应。因此香火很旺盛。楚平王的神灵就整天眉开眼笑地坐在上面，觉得自己很伟大。一天，进来了一个愁眉苦脸的人。这人进来之后，既不烧香，也不下跪，冲着楚平王的神像就骂。楚平王的神灵莫名其妙地看着他，只听那人骂道，楚王啊楚王，都说你好，我说你坏，你坏得很！你只认香火不认人，不管好人坏人，只要给你烧香，你都有求必应。强盗要抢东西，你都保佑他，好人不是遭殃了吗？你简直比强盗还坏一千倍。这人不分青红皂白，一阵乱骂，楚王听了，还真是这个理，要是帮了坏人，岂不是助纣为虐吗？自己怎么这么糊涂啊。他越想越气，往庙外一蹦，就在庙外踏出了两个水塘，水塘里的水，一个清澈，可以看到水底；一个浑浊，什么也看不清。两水塘之间，有一条小路，成了来庙烧香的必经之路。楚王的神灵整天盯着那条路，人们走在路上，影子会倒映在水面上。如果是好人，影子就会出现在清水塘里，如果是坏人，影子就会出现在浑水塘里。这时楚王就能分辨出好人坏人，不会再保佑坏人了。

朱元璋为何要火烧"庆功楼"

据说朱元璋在平了天下当了皇帝之后，害怕自己将来死了，儿子朱标不能辖制这些功臣，于是就造了一座庆功楼，在里面埋了火药和松针等易燃物，以庆功为名，将功臣们都烧死了。这就是民间传说的朱元璋"火烧庆功楼"。

虽然经过现代史学家们的考证，火烧庆功楼是满清统治者为抹黑明朝政府而制造的谣言，但从谣言在民间传闻的普遍度来看，民众大多还是相信这个故事的真实性的。相传当年朱元璋在庆功楼造好那天，举行了群臣的庆功宴。他设下计谋，在楼的四周埋好炸药和干柴，然后准备在群臣喝醉的时候引爆，他以为自己做得神不知鬼不觉，其实早已被刘伯温看穿了。在酒席上，刘伯温坐在朱元璋旁边，悄悄地把朱元璋的龙袍一角压在自己的座椅上，等众人喝得酩酊大醉的时候，朱元璋起身离开，刘伯温顿时觉察到了，他也跟着朱元璋出了门。果然，下楼没几步远，庆功楼就在一声巨响中爆炸了。

古代的开国皇帝们，在平定天下之后，为稳定政权，往往都会杀掉跟随自己一生的功臣，以免自己死后，他们权高震主，威胁子孙的统治。

南京城墙是用手传砖修建的吗

南京城被作为都城后，朝廷就下令修建城墙。当时采用的是均工夫役。按《大明会典》记载，洪武二年时开始"置直隶、应天府等十八府、州，及江西九江、饶州、南康三府均工夫图册。每岁农隙，其夫赴京供役。每岁率用三十日，遣归。田多丁少者，以佃人充夫。其佃户出米一石，资其费用；非佃人，而计亩出夫者，其资费每田一亩，出米一升五合。"

南京城墙

由于当时工程量大，工期紧迫，朝廷听说句容的土豪张斗南非常富有，就把建造南京正阳门至通济门城墙的重任硬压给他了。张斗南只好在自己家乡的百培山上建起了几百座大窑，日夜烧制城砖。但是当砖烧好之后，怎么运送过去，却成了一个大难题。本来百培山可以经过秦淮河河道通往南京，但当年适逢大旱，无法用船运。张斗南又想着雇独轮车将城砖往南京运，可是砖太多车又太少，这让张斗南急得团团转。他硬着头皮来到南京，向负责官员请求宽一下期限，却遭到了朝廷官员的训斥："你敢延误半天，就要你满门抄斩！"张斗南听了之后嚎啕大哭。

有个家住石门坎的小娃娃见张斗南哭得那么伤心，就对他说："这有什么难的啊？我常见爸爸和叔叔们用手传砖，你也可以啊？"听完小孩的话，张斗南如梦初醒。几天后，从句容的百培山到南京的通济门，出现了一条上百里的人龙，他们在用双手传运那堆积如山的城砖。没过几天，城砖就送完了。张斗南长舒一口气。于是后世就流传说，南京城墙的城砖是以手传手搬来的。

南京四方城"两龟驮一碑"的传说

在南京四方城东南的山谷里躺着一只石龟，它的头朝向山谷东南方的出口，似乎一直想爬出来。在距龟30米远的地方，有一碑材横卧在地面上。碑材两端有榫，其中一榫的尺寸正好是插入龟趺背上之孔槽尺寸。这说明它们是配套的一件文物。这就是"两龟驮一碑"。这件文物位于明孝陵大金门内、孝陵神功圣德碑亭之东，时代相同，体量庞大。那么，这里面有什么故事呢？

传说当年四方城刚建好不久，有一天观音菩萨经过，看到有两只龟驮着块大石碑，一年都被压在碑下面，不吃不喝，怪可怜的，就施了法术，让两只石龟变成活龟了。观音菩萨对两只龟说："朱元璋在世的时候，为百姓做了不少好事，受世人尊敬。他的儿子在这块石碑上刻着他的功绩，可是这石碑太大，你们两个日夜压在下面太苦。我今天把你们两个变活了，可以去找点吃的，也能替换休息一下。但是切不可因为我把你们变活了，就产生邪念。日后更应该好好看守。渴了，要饮清水；饿了，要吃干净的食物，否则不得好报。"两个乌龟连忙点头答应，从那以后，这两只龟就轮流驮石碑，天色一黑，一只龟就去找吃喝，天亮前再爬回来。就这样老老实实地轮换着。

有一天晚上，一只龟爬到东边山沟里喝水。当它爬到溪水边时，在月光下看见溪水上有个美貌的女子在刷马桶，它不由得看直了眼，不自觉地把嘴伸进水沟里喝起来。结果它刚喝几口就浑身难受，趴在沟边一动不动，一会儿就变成和原来一样的大石龟了。原来年轻女子刷的马桶是产妇用过的，菩萨说过，喝了污水就会失去灵性，再也活不过来了。而留在四方城的那一只龟，不见伙伴回来，自己也不能去吃喝，于是伤心过度，不久后也还原成石龟了。

达摩一苇渡江有何神机

传说当年达摩祖师从印度不远万里来到中国，听说梁武帝信佛，就来到南京和梁武帝论佛。谁知二人的佛理不同，观念冲突，于是达摩祖师就决定离开此地，去北方传教。

达摩洞

当时南京有个高僧禅光，他在雨花台讲经，当地人称"神光讲经，委婉动听，天花乱坠，地生金莲，顽石点头"。达摩祖师听说之后，也去站在台下听禅光讲经。他有时点头，有时摇头。禅光见他摇头，就跟他辩论，二人理念同样不合，达摩于是就走了。他走了之后，禅光才从台下的群众口里得知，刚才那人就是印度高僧达摩祖师。然后赶紧追了过去。达摩到了江边之后，看到江面上一只船也没有。江边有一个老人家，住在一个小草屋里，家徒四壁。达摩走过去说："老人家，你能不能施舍我一件东西？"老人说："你看我穷得什么都没有，拿什么施舍你？"达摩祖师说："你就把你的芦苇给我一根就好了。"老人就从一捆芦苇中抽出一根，递给达摩。达摩把芦苇放到江面上，只见那根苇花的五片芦叶，很快就平展伸开。达摩双脚踏于芦苇之上，飘飘然过了长江。

禅光追到岸边时，看到达摩一苇渡江，就连忙跑到老人面前，招呼都不打，抱起老人身边那一捆芦苇，扑通扔到水中，学达摩站上芦苇，结果一下子掉到了江水里。禅光爬回岸上，责问老人道："你给他一根芦苇就能过江，我拿你一捆芦苇为什么还过不去呢？"老人说："他是化我的芦苇，你是抢我的芦苇，当然不一样了。"说完，老人瞬间消失不见。浩荡的江面上空无一人。这时禅光自知有失，惭叹不已。后来禅光40岁时，到嵩山师从于达摩门下6年，尽得其心法，终成禅宗二祖慧可。

至今，南京长江边上的幕府山北麓有个达摩洞，相传达摩就是从此处"一苇渡江"。其实芦苇怎能承受人的重量？所谓"一苇渡江"，其实就是一叶苇舟飘然过江的意思，这里只不过是把它神化了。

南京鸡鸣寺"金鸡斗蜈蚣"的传说

南京鸡鸣寺，位于鸡笼山东麓山埠上，是南京最古老的寺庙之一，也是江南很有名气的古寺文化遗迹。关于它的来历有着非常有趣的传说。

话说在很久以前，南京玄武湖边的九华山上，盘踞着一条十分厉害的蜈蚣精。蜈蚣精口喷毒火，危害乡里，到处作恶。方圆几百里的老百姓都不能安生过日子。这事被天上的玉皇大帝知道了，就派了在天宫中报晓的金鸡下凡，以金鸡来对付蜈蚣，为民除害。

金鸡到了民间后，看到蜈蚣精正在喷射毒焰伤人。于是它站在北极阁山顶，一声雄啼，蜈蚣精慌忙逃窜。人们循声望去，看见北极阁上一片五彩霞光，刺得睁不开眼睛。霞光中有一只金光灿灿的公鸡，声音惊天动地。蜈蚣精经不住金鸡啼叫，逃到很远的地方，调整好状态，又飞了过来。金鸡和蜈蚣精一阵搏斗，终于一口咬住蜈蚣精，将其咬死。而自己也中了毒，慢慢地倒下了。

百姓们都为金鸡的死放声大哭。哭着哭着，只见蜈蚣精的尸体化成了一座长长的山，这就是现在玄武湖旁边的九华山。那只金鸡呢，也化作一座岩石，立在北极阁东头，紧紧盯着九华山。从此，百姓们过上了安稳日子。为了纪念为民众除害的金鸡，人们就在北极阁东边盖了一座寺院，叫鸡鸣寺。

南京牛首山有什么来历

南京城南有座山，叫牛首山。远远地看去就像一头大水牛伏在那里，牛头贴在地上；走到山顶，就像爬到牛的脊梁上一样。牛首山周围的土地都是红色，地里的庄稼长得稀稀拉拉的，每年都没什么好收成。老人说："这里本来不是红土，庄稼也长得旺。后来发生了一些事情，才变成这样的。"

牛首山风光

说是以前的牛首山下有一个村庄，庄子里住着一个姓钱的大地主。这个地主视财如命，对待佃户非常苛刻。牛首山下几十里地全是他的，分给佃户们租种。种出来的粮食三七分，他拿七分，种地的只拿三分。

而且他还弄了一大群牲畜让佃户们用,用他的牛耕一亩地,秋后要缴一斗谷子。这样,佣户们一年忙到头,却连饭都吃不饱。

  一天,村子里来了个风水先生,他同情佃户们,就告诉了佃户们,牛首山是条神牛变的,只要在夜里能把它拉起来,周围这几十里地,神牛只要一夜就耕完了。村民们纷纷问怎么拉,风水先生说:"村东头有喇叭花,用喇叭花的藤子穿上老牛的鼻子,再用茴香草引它,神牛闻见味道,就起来了。"大家一听,高兴得直跳,都跑去找喇叭花牵牛。从此以后,大家就把喇叭花叫做"牵牛花"了。没想到只顾着高兴,忘了保密,让地主听到了。他听说有神牛,可以用喇叭花牵动,马上就组织了一帮人,把牛首山围住。到了夜里,果然看见神牛趴在那里。但地主不知道用茴香草吸引神牛,神牛一动不动。地主以为自己力气小,就让他所有的狗腿子一起拉,结果一下子把神牛鼻子拽豁了。从牛鼻子里喷出好多血,把周围的地都染红了,再也长不出好庄稼了。而钱地主也因为用力过猛,一下子甩了出去,摔在一块石头上,当场一命呜呼了。

达摩去过定山寺吗

  南朝时期,佛教大兴,南京寺庙众多。唐朝诗人杜牧有诗:"千里莺啼绿映红,水村山郭酒旗风。南朝四百八十寺,多少楼台烟雨中。"这首《江南春绝句》,让读者仿佛置身于江南风光中。南京寺庙众多,这其中就包括著名的定山寺。

  定山寺坐落于定山狮子峰下的一个山坳里,背山面江,远远看上去像群山之门。那里环境幽静,内

定山寺大雄宝殿

有达摩画像石刻、卓锡泉等文物景点，吸引着一批又一批的游客。去定山寺有人是为了寻佛，有人是为了赏景，也有人是为了听故事。定山寺那里流传了许多古老的传说。

定山寺建于公元503年，是南朝梁武帝为一个叫法定的高僧修建的。据说，当时达摩受梁武帝之邀到了南京，本想传法于他，谁料梁武帝不能领悟，于是达摩便悄然离开，折苇渡江，这就是佛教史上著名的"一苇渡江"的故事。

达摩祖师渡江后，驻锡（僧人驻留）定山寺，而定山寺也是达摩祖师唯一驻锡过的寺院。正因为如此，定山寺在佛教史上才有重要的地位。现在，定山寺仍然有许多达摩遗迹，比如定山狮子峰下有一块"达摩岩"，岩石下面的"面壁处"遗留着达摩祖师的"宴坐石"，上面的掌痕清楚可见。寺中的"卓锡泉"据说是达摩思念故乡西域之水而凿出的。在卓锡泉的附近，还留存着一块明朝时期的达摩画像石碑。石碑上，达摩络腮圆眼，拱手立在渡江芦苇之上，面容清晰，栩栩如生，是国内现存最早的达摩祖师像碑。

王导为何说"伯仁由我而死"

东晋时期，王氏在南京是豪门大族。王导拥立晋元帝建立东晋，功高盖主，因此有"王与马共天下"的说法。

王导有个兄弟叫王敦，时任江州牧，兼荆州刺史。祖逖（东晋名将）死后，王敦自恃文韬武略，无人能比，根本不把皇帝看在眼里，不仅对朝廷的命令置若罔闻，而且还时常与朝廷对着干。

当时，晋元帝十分信任刘槐和刁协两个人，对他们可谓是言听计从。王敦认为自己能力盖过刘槐和刁协，却不被重用，心里十分恼火，于是预谋造反，率领两万精兵，从武汉直扑南京，晋元帝大惊。

此时，刘槐向晋元帝建议，将南京的王氏家族成员全部杀光。晋元帝心中念及王导的功劳，并未立即同意。王导听说后，大为惊恐。于是，他带着所有任官的宗族子弟二十几个人，亲自到晋元帝面前哭诉，说家门不幸，出了王敦这样的叛臣逆子，但是其他人绝对忠于陛下。不仅如此，此后每天，王导都率领着族人到皇宫门口站着，以示清白。

一天，王导恰好看见周𫖮进宫，像抓住了救命稻草一样叫住他说："伯仁（周𫖮的字），我们家几百人的性命就靠你了！"但是，周𫖮好像什么也没听到一样，径直走向了宫中。入宫后，周𫖮却向晋元帝表示王导的忠诚，恳请他不要诛杀王导，晋元帝最后竟然答应了。之后，周𫖮留在宫中饮酒至醉，出来时又碰到王导，但周𫖮还是不理他，醉醺醺地说："今年杀诸贼奴，取金印如斗大系肘。"王导见周𫖮如此表现，不免怀疑他在晋元帝面前说了自己的坏话。于是心里暗恨周𫖮。回府后，周𫖮又再次上奏为王导说情，言辞甚切。

后来，王敦率领两万精兵将刘槐几万大军打得落花流水，很快就占领了南京外城。晋元帝见此状况，赶紧命令刘槐和刁协撤军，并向王敦加官封爵。王敦如愿做了大官，也就作罢。后来，王敦就对周𫖮的安排征求王导的意见，他问王导，周𫖮是否应任三司，王导沉默不言；再问王导，周𫖮应否任仆射，王导还是没有说话；最后王敦说如果两个都不给他做，就是要杀了他，王导仍旧没有说话。就是因为这三次不答，王敦将周𫖮除掉了。

叛乱平定后，王导又重新掌权，他在中书省查看以前的文件时，偶然间发现周𫖮为自己求情的奏章。他这才知道，原来周𫖮进宫见皇帝，正是为了帮助自己，并最终说服皇帝听从了他的建议。王导捧着奏章痛哭流涕，说了一句流传千古的名句："吾虽不杀伯仁，伯仁由我而死。"王导用"吾虽不杀伯仁，伯仁由我而死"这句话，承认自己犯了"无心之过"，由此内心充满了内疚之情。

南京城最早的澡堂子是什么时候开的

明朝之前,南京城是没有专门供人洗澡的澡堂的。明朝成立后,明太祖朱元璋在南京建都,下令从全国各地调来大批民工到南京修建城墙。

修建南京城墙是一项非常艰难的巨大工程,民工终日劳累不堪,汗流浃背,衣服浸透。民工们长时间不洗澡换衣,满身跳蚤,生疮害毒,苦不堪言。朱元璋知道此事后,向大臣们征求解决方法。军师刘伯温建议建设澡堂,让民工洗澡,常换洗衣服,既可以除跳蚤,又可防生疮害毒。朱元璋于是下令在南京城多处建造了澡堂,专供民工洗澡。

最初建造的澡堂,是由刘伯温设计的,在地上砌一个大池子,池子下面埋着庞大的铁锅,在铁锅下烧火,将池水烧热。澡堂的屋顶是半圆形,像一只倒扣的大锅,池子中水蒸汽上升后,全部集聚在屋内,可以保持室内温度。

澡堂建好之后,民工们的身体状况大大改善,因为洗热水澡有舒经活血、消除疲劳的作用。后来有人误落大铁锅被烫伤而死,人们又对水池进行了改造,从而有了安全保障。从此,南京就有了专供人们洗澡的澡堂子了。

江宁老头为何敢叫"乾隆"

乾隆下江南微服私访时,住进了江宁一家客栈里。一天天快亮时,他突然听到有人敲隔壁的房门大声说:"朱乾隆,快点起床,该上路了!"乾隆心里一惊,谁这么大胆,竟然用当今皇上的名号,真不怕死!

乾隆赶紧起床,准备看个究竟。他出门后,看到隔壁走出一个白发苍苍的老头,乾隆上前问道:"老人家,您的名字叫乾隆吗?"老人随

口说道:"是啊!"乾隆压抑住心中的怒火又问:"你可知道当今皇上的年号是乾隆?盗用皇上年号可是死罪!"老头不慌不忙地说:"我盗用皇号?客官您错了!我今年六十多岁了,一出生就取名叫乾隆,当今皇上才登基几年?你说说看,到底是谁盗用了谁的名号?"乾隆被问得哑口无言,只好想办法逼着老头改名,他说:"你就不怕皇上知道了,砍掉你的脑袋吗?"老头一听,哈哈大笑道:"皇上如果对名字有忌讳,就更不会杀我了!"乾隆追问道:"为什么这么说?"老头答道:"皇上如果杀我,那我就是钦犯,一定会昭告天下说'乾隆'被杀了。这不更犯忌讳了吗?"乾隆紧接着问:"如果皇上派人偷偷地将你处死呢?"老头笑了笑说:"他把我偷杀了,我的儿孙们找不到我的尸体,一定会立牌位供奉我的名字'乾隆'。每天香火不断地祭奠乾隆的亡魂,这样皇上能好受吗?"乾隆一听觉得老头分析得很在理,又说:"皇上有很大的权力,他会命人将你满门抄斩,诛灭九族,难道你不怕?"老头淡淡地笑道:"皇上权力再大,难道还能管得住阎王爷?当今皇上如果杀我一人,去了我'乾隆'的号;杀我一家,去了'乾隆'一家的号,难道皇上就不忌讳大清江山到此结束吗?而且我们一家死后,就会流传乾隆一家被杀的消息,皇上听了会怎么样呢?"乾隆最忌讳这些了,听了心中一颤,忙将老头请到房中,掏出几个金元宝说:"老人家,大清臣民应该尊重皇上,我将这些金子送给你,将你的名字买下,您就把名字改了吧!"这时,老头心里也猜出眼前的人就是当今皇上乾隆,于是收下元宝说:"难得客官对皇上一片真心,那我就改吧,叫什么好呢?"乾隆想了想说:"那就叫朱坤虎吧!"老头拍手叫好:"好,那我就叫朱坤虎了!"

老头虽然改了名,但是乾隆还是不放心,他担心老头去世后他的儿孙弄错名字,用"乾隆"的名字去祭奠他,对江山不利。于是回到京城后，他便派人将朱坤虎一家接到了京城供养。朱坤虎活了一百一十岁才去世，关于他的灵牌，乾隆还是不放心，于是就亲笔御赐"朱坤虎灵位"五个字，并派钦差率领一众人马护送朱家安葬后事。

活佛济公原型竟是南京高僧

济公是我国家喻户晓的人物，在一些影视剧中，人们可以看到一个头戴破帽，身穿烂衫，手持破扇，脚穿草鞋的疯癫和尚，他就是妇孺皆知的活佛济公。但是，济公这个人是否真实存在呢？或者说他的原型是谁呢？

相传，济公是罗汉化身到民间救济众生的，因此被人们称为"活佛"再世。经过考究发现，济公其实是历史上存在的人物。南宋有书籍记载说，济公是南宋时期的高僧，原名李修缘，法号道济。济公和尚爱打抱不平，常常救人于危难之中，被人们誉为"活佛"。又因为济公出生时，国清寺罗汉堂中的降龙罗汉恰巧倒塌，所以人们认为济公是罗汉转世。

宝公塔

其实济公和尚原型为南京高僧宝志，世称"宝公""志公"。从小出家，住在钟山道林寺中修行，78岁时去世。据《南史·陶宏景传》中记载，宝志和尚在宋明帝初年，突然蓄起头发，喜欢光着脚游街逛巷，居无定所，还经常说一些别人难以理解的话，时不时还编一些半通不通的民谣，不过事后却发现他说的都应验了。

后来，南朝齐武帝将他抓了起来，可是第二天，有人说在大街上又见到了他。齐武帝十分惊讶，便亲自到狱中查看，却见他依然在牢房

中。齐武帝心有顾忌，便恭敬地将他放了，对其敬奉有加。

后来，梁武帝登位，他是个一心向佛的皇帝，在他执政期间，宝志和尚编了歌谣说："昔年三十八，今年八十三，四中复有四，城北火酣酣。"意思是，梁武帝38岁做皇帝，83岁时出家当和尚，而且他出家的寺庙会在4月14日发生火灾，后来宝志的话都应了验。

天监十二年的一天，宝志突然将寺中的金刚像搬出，自言自语说："菩萨当去。"第二天，他就圆寂了。宝志死后，梁武帝的女儿永定公主在钟山玩珠峰开善寺前为他建塔下葬，名为"宝公塔"。琅琊王筠为其撰写碑文。后来，人们读此碑文误以为其名为道济。

明朝时期，朱元璋建造明孝陵，选中蒋山寺这块风水宝地，决定移走宝公塔。不料拆塔时发现宝公尸体未腐，容貌如生，朱元璋心生敬畏，于是用金棺银椁重葬宝公，并将其移到钟山东南麓，重建寺塔，即现在的灵谷寺、宝公塔。

孙权儿子如何破"鼠屎案"

孙权去世后，他的小儿子孙亮继位。孙亮十分聪慧，他对事物观察得非常深入细致，往往能够解决疑难问题，在这方面一般人都不如他。

太平二年，孙亮8岁，有一天想要吃梅子，便吩咐一个太监去库房取浸着蜂蜜的梅子。这个太监知道宫中收藏的蜂蜜味道非常好，也曾向掌管库房的官吏讨要过，都遭到了对方的拒绝。这个太监心胸狭窄，因此怀恨在心，一直在寻找机会报复。这次可让他逮到了。他从库吏那里取了蜜梅后，偷偷地找了几颗老鼠屎放了进去，然后呈给孙亮。

孙亮吃了几口就发现了蜂蜜中的老鼠屎，猛然大怒说："谁如此大胆，竟敢欺负到我头上？不想活了！"狡诈的太监忙跪下说："库吏一向不忠于职责，游手好闲，一定是他没看好才让老鼠屎掉进了蜂蜜里，败坏了主公的兴致，实在是罪不可赦，请您治他的罪，一定得严惩他！"

孙亮画像

孙亮听完后派人将管理仓库的官吏抓了过来。那库吏知道渎职之罪，轻则丢官，重则坐牢。所以他工作时十分严谨，存放蜂蜜时事先检查坛子中有无杂质，然后才将蜂蜜存进去，不可能会有老鼠屎的。库吏见到孙亮后，连连叩头赔罪，并结结巴巴地讲了自己工作的程序，拒不承认在蜜汁梅中放了老鼠屎。太监与库吏两人争执起来，都说自己说的是实话，宫中官员也评定不出是谁的罪责，准备将他们都抓起来。

孙亮沉思片刻后，命人将老鼠屎掰开，让大家认真观察，只见老鼠屎外面沾着一层蜂蜜，是湿润的，但里面却是干燥的。孙亮表示，如果老鼠屎早就掉进了蜜中，时间久了，应该早就浸透了，可现在它还是干的，说明是刚刚放进去的，所以放老鼠屎的一定是那个太监。在充分的证据面前，太监只好认了罪，跪在地上如实交代了陷害库吏的经过。在场的人十分震惊，纷纷赞叹孙亮小小年纪有如此心智。

李白在南京遇红粉知己

诗仙李白曾7次游览南京，并且在这里结识了不少红粉知己，也因此留下许多关于南京的诗篇。

公元725年，李白第一次来到南京。那一年他刚刚25岁，风华正茂。当他从南京城东的白下桥进入南京城时，忽然飘来一阵如行云流水般的琴声，还伴随着动人的歌声。原来是一位少女正在唱江南歌谣《杨叛儿》，"暂出白门前，杨柳可藏乌。欢作沉香水，侬作博山炉。"李白听出这琴声并不老练，散发出一种天真烂漫的纯情。李白不由得心动，于是找上门去，向少女表达了自己的爱慕之意。

这名少女叫金陵子，她见李白风流倜傥，谈吐不凡，又有火一般的热情，就情不自禁地接受了李白的追求。为此，李白欢喜万分，诗兴大发，马上赋诗《示金陵子》送给她，"金陵城东谁家子，窃听琴声碧窗里。落叶一片天上来，随人直渡西江水。楚歌吴语娇不成，似能无能最有情。谢公正要东山妓，携手林泉处处行。"谁知金铃子看完后有点失望地说："公子以谢安自比，可知道谢安有力挽狂澜的才智，不只会携妓漫游的。"李白听罢对金陵子更是喜爱，说："我以天下为己任，自然仰慕这位先贤。"从此两人情投意合，难舍难分。

公元747年，李白第二次来到南京，距第一次已经有22年之久。此时李白已经47岁了。一天晚上，他先是在酒楼饮酒赏月，半夜又划船去石头城找好友崔侍御。划到中途时，他瞥见岸边站着一位貌如天仙的姑娘，而这位姑娘是在等李白，她说："我听说你来了，不顾羞怯，在这里等你，只求与你相见，陪我喝上几杯酒。"李白闻此，满心欢喜跳上岸。姑娘牵着李白的手，唱着歌走上了南渡桥。分别时，姑娘还写了首诗赠送李白。李白读完后激动地说："字字都像劲风，吹去我的愁情。"并将姑娘的诗珍藏在衣袋中，日后常常读阅。

李白到南京多次，遇到的红粉知己不少，但是对李白影响深远的只有这两位。

南京科举考试中曾发生些什么

清代科举考试中，很多官员批卷子，只求速度快，往往不仔细阅读，经常出现"好文章给低分，差文章给高分"的情况。考生顺利考完之后，这考试才算是完成了一半，关键还要看考官的批阅。很多优秀的考生也会让糊涂的考官给耽误了前程。

清朝光绪年间，南京举办的江南乡试中出了个大才子叫张謇。张謇文才名扬天下，他参加会试，江南才子们都一致认为头名状元定是张謇的，至少也会在前三名之列。

当时，会试的主考官是潘祖荫。考试前，潘祖荫特别吩咐考官千万别把张謇给遗漏了，考官们都记住了"张謇"这个名字。可是到张榜时，潘祖荫却没有看到张謇的名字，他又气又急，仔细盘问各个环节。原来，考官熙麟初阅张謇的卷子时，发现他写得非常好，文章写得优美。于是就将卷子给潘祖荫看，因为卷子没有拆封，潘祖荫也

古代科举考试展览

不知道自己读的是谁的卷子，于是草草地扫了一眼，批了个"不通"就将张謇给刷下去了。

当然，南京考试中也有走运而无缘无故中举的故事。清朝道光年间，陈王录等五名考生一起乘船到南京参加乡试。傍晚时，船到了下关，有一个素不相识的老头儿给他们送来一封信。陈王录等人打开一看，信中竟然说本次考试的题目出自《尚书》。五人看完后，赶紧将信烧掉了。他们按照提示认真地背诵了《尚书》，最终五人皆上榜。

发榜后，主考官这才知道仆人将信送错了人。他虽然受贿却帮错了人，只能暗地里生气。陈王录中举对其他考生来说是很不公平的。但是在科举考试的年代，这样的不公平之事经常发生。

南京城的名人故居

王安石南京故居为何叫"半山寺"

王安石,字介甫,号半山,人称半山居士。曾被封荆国公,因此世称"王荆公"。他是中国历史上杰出的政治家、思想家、文学家、诗人,"唐宋八大家"之一,北宋丞相,新党领袖。在他死后,他的政敌欧阳修是这样评价他的:"翰林风月三千首,吏部文章二百年。老去自怜心尚在,后来谁与子争先。"

王安石出生于官宦家庭,从小聪明好学,跟着父亲宦游南北各地,对于民生疾苦有很深刻的认识。因此在青年时期就"慨然有矫世变俗之志"。庆历二年,他考中进士,经过宦海的浮沉,在公元1070年当上了同中书门下平章事,位同宰相。于是在全国范围内推行新法,开始大规模的

王安石故居

改革变法运动。结果变法很快遭到保守派和小地主阶级的反对,更有奸猾之人利用新法盘剥百姓,因此又遭到多数百姓的反对。在一片声讨声

中，王安石被宋神宗罢相。虽然第二年又起复，但由于朝廷内部政敌的挑拨，新法依然没有进行下去，宣告失败。王安石也再次被罢相，出任江宁通判。不久以后他就辞官归隐，在南京城东门到钟山峰的半途中给自己建了一处居室，命名为"半山园"。在园内，他跟很多文人墨客交游，如苏轼、欧阳修、米芾等。虽然苏轼和他的政治立场不同，但苏轼还是经常拜访他。有一次，苏轼乘船经过金陵，王安石骑着驴子去接，到了岸边，苏轼在船上给他作揖，说："轼今日以野服见大丞相。"王安石笑着说："礼岂为我辈设哉！"其风度雅量之高，令人赞叹不已。

1084年，王安石得了一场大病，宋神宗派国医给他医治。病好之后，他上书皇上请求把自己的住宅改成寺院，神宗赐匾额"报宁排夺"，于是半山园又称"半山寺"。

甘熙故居真的有"九十九间半"房屋吗

甘熙故居又叫"甘熙大院"，建于清嘉庆年间，是中国民间现存的最大私人住宅。它与明孝陵、明城墙并称为"南京城明清三大景观"。具有极高的历史价值。

甘熙故居的建筑风格并不是完全的苏式，也非徽派，而是有南京自己的风格。它是在徽派的基础上，吸取了太湖流域的建筑风格而成的，比较注重细部的雕琢，内部的木刻石雕都非常精美。这座大院最独特的地方在于它一反传统，采取坐南朝北的方位，跟绝大部分的中国建筑都不相符合。据说这是因为甘氏的祖先在北方，后来南迁至此，因此这样的朝向是为了感念先祖。

甘家用了将近五十年来修建这个大院，共有房间三百余座。但民间一直传闻是有"九十九间半"的房屋。因为九是至阳之数，超过这个就会走下坡路。所以，故宫的房间会有"九千九百九十九间半"的传说，曲阜的孔府会有"九百九十九间半"的传说，甘熙大院也有了"九十九间半"的传说。

为何说京剧挽救了甘熙故居

甘家自古就是戏曲世家，20世纪30年代，甘家大院就曾作为戏究社的活动场所，不仅"江南笛王"甘贡三与清末皇帝的三兄弟在此切磋交流艺术，连戏曲大师梅兰芳也经常光顾此地。当时的甘家大院几乎成了一个戏曲艺术中心，吸引了很多戏曲界和文艺界的名人。

甘熙故居

抗战爆发后，家长甘贡三带领全家成员前往重庆避难，只留下甘家三子甘律之看护家宅。甘律之的妻子是著名的黄梅戏表演艺术家严凤英，夫妻俩都对戏曲情有独钟。而正是他们对戏曲的热爱，挽救了这个宅子的命运。日军侵占了南京之后，有一天，独自留守的甘律之突然接到日本人的通知，说要见他。他以为日本人要霸占房子，焦急地想对策。没想到见到日本官员之后，房子非但没有被霸占或者损毁，反而得到了一个保护条例。因为这个日本人非常喜欢中国的京剧，为了欣赏甘律之表演京剧，兴致勃勃地去甘家大院拜访，结果，发现了这所风格独特、建筑典雅的宅子，便下发了禁止破坏的命令。就这样，甘家大院才在日军侵华的战火中幸存下来。

龚贤故居为何又叫扫叶楼

龚贤，字半千，号野遗，又号柴丈人、半亩居人。江苏昆山人，晚年居住在南京，明末清初时期的爱国主义书法家、诗词人、八股大家，被誉为"金陵八大家"之首。他幼年学画，青年时写诗抨击社会，晚年回到南京，在清凉山下筑"半亩园"，深居简出，不事权贵，过着清苦的隐居生活。

扫叶楼始建于1664年，明清式样，砖木结构，覆小瓦，二层小楼，楼前翠竹婆娑，绿树掩映，楼后庭院内假山层叠，与善庆寺前的石阶结为一体。因为龚贤曾自写小照，着僧服作扫落叶状，因此其住所名为"扫叶楼"。院落简朴大方，清雅幽静，置身其中，会有"一径风声飞落叶，六朝山色拥重楼"的震颤。龚贤对于自己的居所曾如此评价过：清凉山上有台，亦名清凉台。登台而观，大江横于前，钟阜枕于后，左有莫愁，勺水如镜，右有狮岭，撮土若眉。

1689年，龚贤结识了著名的戏剧家孔尚任，孔对龚贤在物质和精神上的帮助很大。病重的龚贤遭当地豪门权贵的迫害，曾求助于孔尚任，然而还未等到孔尚任的帮助便病故了。龚贤死后，孔尚任为其料理后事，葬回昆山故里。

拉贝故居为何一度成为"中国人的诺亚方舟"

拉贝故居位于南京市小粉桥1号，是南京国际安全区主席约翰·拉贝的故居，位于南京大学南园内。二战期间，在日军侵华过程中，拉贝的住宅一共收留保护了600多位中国难民，使其免遭日军的屠杀，所以被称为"中国人的诺亚方舟"。

拉贝是德国人,他16岁丧父,初中毕业后就中断了学业。1909年,他和未婚妻一起来到向往已久的中国,进入北京西门子公司工作。1931年,他被委派到南京开拓业务,并担任南京分公司经理。然后他又加入了纳粹党,并且成为南京地区纳粹党领袖。"七七事变"之后,拉贝和一些西方人在南京设立了一些安全区,并担任主席,希望在南京沦陷的时候保护难民。他说,我一生中最美好的青年时光都在这里度过,我的儿孙都出生在这里,我始终受到了中国人民的厚待。在安全区里,他保护了30万难民。抗战期间,他利用自己的纳粹身份和日军斗智斗勇,与

拉贝故居

日本领事馆反复交涉和抗议。他到处寻找国际援助,募集资金,购买粮食药品。1938年,拉贝应西门子公司总部的要求返回德国,他便顺路把躲在他家养伤的飞行员王光汉伪装成自己的仆人带到香港。回到德国后,他四处做报告,历数日军在华的种种罪行,一度遭到德国盖世太保的迫害。二战结束后,他因为纳粹身份,遭到不公正的待遇,几乎饿死。但在他最绝望的时候,南京人民并没有忘记他,纷纷从万里外给他寄去了食品和钱物。晚年的拉贝,"反认他乡为故乡",把南京当成了自己的家乡,天天念叨,非常怀念。

拉贝对于中国人民的恩情,人们永远不会忘记。2009年,5600多万名网友的投票,让拉贝当选了"十大国际友人"。

您了解马歇尔在南京的公馆吗

马歇尔,1880年出生,1959年去世。美国政治家、军事家、外交家、陆军五星上将。参加过一战,领导过二战。在二战中,他帮助美国

总统罗斯福出谋划策，坚持先进攻纳粹德国，后进攻日本，为二战的胜利作出了不可磨灭的贡献。在二战结束后，他提出"马歇尔计划"，也就是欧洲复兴计划，这项计划使欧洲的经济在很短的时间内再次崛起。他的伟大成就使他获得了1953年的诺贝尔和平奖。

在南京市鼓楼区宁海路5号，有一处公馆，就是马歇尔公馆。公馆是二层砖混结构，采用仿古式歇山顶并铺以琉璃瓦，南部有宽敞的庭院，庭院里的小路用鹅卵石铺成鹰、狮、虎、鸟四种装饰图案，院墙上设有多处漏窗。现为军用住宅，平日里大门紧闭，无法看到里面的景色。

公馆最早是1935年金城银行修建的别墅，后来被国民政府的外交部长买下作为公馆，随后又赠送给德国大使馆。1937年12月日军侵占南京之后，这里作为南京安全区国际委员会总部。1945年，马歇尔作为美国总统驻华特使来华调节国共两党的关系，第二年5月份国民党还都南京的时候，这里就被当成马歇尔的住处。国、共、美三方在此经过多次会晤和商议，但最终还是调解失败。

司徒雷登与中国有何渊源

司徒雷登，是美国基督教长老会传教士、外交官、教育家。1876年6月，司徒雷登生于中国杭州，父母都是美国在华传教士。在血统上，他是一个纯正的美国人，但由于长期生活在中国，所以用他自己的话说，他"是一个中国人更多于一个美国人"。他会一口纯正的杭州话，11岁时去美国弗吉尼亚州上学，同学们都嘲笑他是一个不会说英语的怪物。

1904年司徒雷登开始在中国传教，曾参加建立杭州育英书院。1906年，司徒雷登的独生子杰克也在杭州出生。1908年，应南京金陵神学院聘请，司徒雷登携妻儿离杭赴任。1919年被聘请为燕京大学校长、校务长。作为燕大的领导人，他四处募捐，在北京西郊建造了一所宫殿式的新校园，并花重金、托关系、延请一大批中外著名学者来此任教，像陈寅恪、郑振铎、钱玄同、吴雷川、许地山、顾颉刚、钱穆、吴文藻等，都是学术界的重要人物。他们的到来，极大地提高了燕京大学的知名度和学术地位。不仅如此，司徒雷登也曾支持当时的学生爱国运动，"九一八事变"爆发之后，他还亲自带领全校几百名师生上街游行抗议。抗战时期还被日本人收押。后来国共内战的时候，他几度促使双方和谈，但都没有实现。1949年新中国成立后，他悄然离开了中国。回到美国的司徒雷登又被麦卡锡主义者限制自由，不幸中风，晚年十分凄凉。去世时留下遗嘱，称希望自己能够埋在燕京大学的校园里。

秦大士故居为何被称为"大夫第"

秦大士，生于公元1715年，卒于公元1777年，字鲁一，号涧泉，乾隆十七年考中状元，官至侍讲学士。晚年兼喜绘画，尤善写竹，间作写意花卉。著有《墨香居画识》《芝庭诗稿》《画传编韵》，人称秦大士的诗、书、画为三绝，曾奉乾隆之命缮写《昭明文选》。清著名书法理论家包世臣在《艺舟双楫》中把清代书法家分为五品九等，秦大士被列入"能品"。在故居的西屋还保存着秦状元用正、草、隶、篆四体书写的碑刻，各俱形神，堪称佳品。

秦大士故居

秦大士故居位于南京市长乐路，本是明朝官员的府邸。南京方志学家陈作霖先生在《东城志略》中载，武定桥东为堂子巷，有明何文端公如宠赐第。如宠，相城人，崇祯时官至大学士。至国朝嘉庆时，秦大士归老后居之。秦大士府第颇广，有数路多进，房屋众多。厅堂在前，楼宅居后，侧有花园，布局合理，错落有致。现存建筑为三路十进，后三进为住宅楼，侧后方花园取宋代欧阳修"瞻望玉堂，如在天上"之意，名之为"瞻园"。中路二进，大厅为建筑群中主体，梁柱粗大，门窗隔扇雕花精美，俱属明末清初建筑风格。院内至今还保留着一口古井，水质甘洌，常年不枯。

秦大士有两个儿子，大儿子秦承恩官至直隶总督，小儿子秦承业以帝傅之荣赠礼部尚书，他的家门中都是士大夫，因此人称他的宅第为"大夫第"。

刘芝田故居真的是胡大海的私宅吗

刘瑞芬，字芝田，安徽贵池人。光绪二年出任代理两淮盐运使，光绪三年又代理苏淞太兵备道，参加中俄谈判，光绪十一年为钦差大臣出使英、俄等国，光绪十二年又出使英、法、德、比四国，故人称"刘钦差"。回国后任广东巡抚，积劳成疾，引发肝炎而死于任上。留有故居，位于今南京城南殷高巷14号，传说原是明代开国功臣胡大海的住宅。

胡大海，字通甫，安徽泗县人。长身铁面，智力过人。早年从朱元璋起事。他英勇善战，兼有谋略。为大明立下了汗马功劳。虽是一介武夫，大字不识，但是能折节下士，明朝诸多谋士及大学者都受他举荐，如刘基、宋濂、叶琛、章溢等。胡大海军纪严明，有三条铁律约束部下：不妄杀人，不掠妇女，不焚烧房屋。因此深得民心，所到之处，无不依附。

至元二十二年二月七日，降将蒋英邀请胡大海前往八咏楼，视察士卒演习，胡大海毫无防备，欣然前往。未上马时，有苗将钟矮子跪于马前称"蒋英欲杀我!"胡大海来不及回答,就被蒋英以铁锤打死,次子胡关住也被当场杀害。朱元璋攻取杭州之后,杀死蒋英,血祭胡大海,并作祭文。明朝建立后,追赠他光禄大夫,追封越国公,谥"武庄"。

清光绪年间,胡大海住宅被刘瑞芬购得。原本占地颇广,现仅存6个院落。宅第有门厅、轿厅、大厅以及数进楼房。院落大门磨砖对缝,雕刻简洁明了,且保存完整。大厅明间为五架梁,前檐有轩,后有一步架,次间以及其他房间都是穿斗式结构,用料考究粗大,柱梁结点、檐下、门楣有木雕,刻工细致。后楼房带有回廊且前后联通俗称"跑马楼",虽然房屋破旧,但整体结构与布局仍保存完好。

陈作霖故居为何会变成"小家蜗居"

陈作霖(公元1837—1920年),字雨生,号伯雨,晚号可园,人称"可园先生"。出生于南京书香世家,曾祖陈授为诸生,祖父陈维垣、叔祖陈维屏为同榜进士,父陈元恒为举人。陈作霖4岁读书,11岁起读史,先后就学于钟山、惜阴书院。光绪元年中举,此后应试不第,便放弃科考,专心于文学和史志学,历任崇文经塾教习、奎光书院山长、上元、江宁两县学堂堂长等职。

同治十三年陈作霖参与修纂《上江两县志》,由此进入方志领域。他编写的《金陵通纪》和《金陵通传》,这两部书一记典章,二记人物,将南京的历史文化悉数收入。《金陵琐志》是陈氏的扛鼎之作,其中《运渎河小志》详述秦淮支河昔日的样貌,记载了纵横十里之间的街巷宅第、祠庙园林、风俗民情、逸闻轶

陈作霖故居

事；另外还有记门西地区的《凤麓小志》、门东地区的《东城记略》及《金陵物产风土记》和《南朝佛寺志》。这些史志对于研究南京的历史有着重要的文献参考价值。

陈作霖故居位于建邺区安品街20号，建于光绪元年，宅后有一花园称"可园"。《秦淮志》载："可园在南干道桥西，陈作霖先生居此，有寿藻堂、瑞花馆。"可惜后来数次变迁，当年的深宅大院如今已变成了大杂院。

太平天国时期的赞王府真的是沈万三的故居吗

沈万三，元末明初的著名商人，中国历史上有名的富豪。他富可敌国，生意网络以南京为中心，遍布江南各省。明朝建立初期，百废待兴，朝廷力有不逮，他挺身而出，帮助朝廷修建了一部分南京城墙。洪武三年，他输粮京师，明太祖亲自召见，因此名噪一时。后来由于他主动提出犒劳明军，惹怒了朱元璋，结果被流放边疆。据《明史·马皇后传》记载："吴兴富民沈秀者，助筑都城三分之一，又请犒军。帝怒曰：'匹夫犒天子之军，此乱民也，宜诛之。'后曰：'其富敌国，民自不详。不详之民，天将灾之，陛下何诛焉？'乃释秀，戍云南。"

沈万三被流放到云南之后，他的家产都被籍没，一部分住宅充作官署。据《新增格古要论》记载："洪武初，抄没苏人沈万三家。条凳、椅桌，螺钿剔红最妙，六科各衙门犹有存者。"可以巨富之家，尽是珍品。到了清朝太平天国期间，沈万三故居被征为赞王府。如今院内尚存赞王府巨形石鼓一座、楠木大厅和两进小楼。大厅抬梁式结构，面阔四间，门砖雕刻精致。依稀可见当年富贵气象。

徐天赐的故居是"抢"过来的吗

徐天赐故居位于今白鹭洲，南京城区东南隅，紧贴明城墙。明朝初期，徐达为大明朝立下汗马功劳，官至太傅、中书左丞相，乃明朝重臣。洪武初年，朱元璋将自己为吴王时的旧邸赐给徐达，徐达惶恐不敢受。于是朱元璋下令在其吴王旧邸的对面为徐达另建新第(今瞻园)，并在左、右各建一牌坊，名曰"大功坊"。永乐初年，朱棣登基，朱棣的皇后乃徐达长女，皇后就把位于中山王府东面靠城墙的一片土地赐给徐家，作为王府的菜园，故此称为"太傅园"或"徐中山园"。

徐天赐故居

徐天赐是成化年间魏国公徐馆(徐达五世孙)所钟爱的幼子，字申之，"能文章，喜宾客"，风流儒雅。他从袭封魏国公的长侄徐鹏举（徐达七世孙）手里，夺取了本该由徐鹏举继承的太傅园，然后大兴土木，拓建成当时南京最大的私家园林，并改名为"东园"。徐天赐经常"招名流啸咏其中"，附庸风雅，吟诗作对。并著有《东园集诗》，人称"东园公子"。

明万历年间，明朝文坛领袖、著名文学家王世贞在其《游金陵诸园记》中对东园有详细的描写："初入门，杂植榆、柳，余皆麦垅，芜不治。逾二百步，复入一门，转而右，华堂三楹，颇轩敞，而不甚高，榜曰：心远。前为月台数峰，古树冠之。堂后枕小池，与小蓬莱对，山址潋滟，没于池中，有峰峦洞壑亭榭之属，具体而微。两柏异于合秒，下可出入，曰：柏门。竹树峭茜，于荫宜，余无奇者。已从左方窦朱板垣而进，堂五楹，傍曰：一鉴，前枕大池，中三楹，可布十席；余两楹以憩从者。出左楹，则丹桥迤逦，凡五、六折，上皆平整，于小饮宜。桥尽有亭翼然，甚整洁，宛然水中央，正与一鉴堂面。其背，一水之外，皆平畴老树，树尽而万雉层出。右水尽，得石砌危楼，缥鳅翬飞云霄，盖缵勋所新构也。画船载酒，由左溪达于横塘，则穷。园之衡袤几半里，时时得佳水。"从中可知东园当年的盛况。至嘉庆末年，东园渐渐沦为菜园，"然溪流曲折，塔影山光，颇有幽趣"，仍是探幽赏景的胜地。

您了解朱之蕃故居吗

朱之蕃，字元介、元升，祖籍山东茌平，后附籍南京锦衣卫。其父朱衣，官至知府。朱之蕃自幼工书善画。万历二十三年会试，得传胪第一（状元），授翰林院修撰，历官谕德、庶子、少詹事，进为礼部侍郎，改吏部。万历三十三年奉命出使朝鲜，应对如流，不辱使命。后来因为老母去世而辞官，不复出仕，朝廷屡召不就。天启四年辞世，享年69岁。临死前言："人生聚则成形，散则成气，一来一去而已"。朝廷追赠其为礼部尚书。朱之蕃故居位于南京莫愁路朱状元巷，巷因朱之蕃曾得状元而名。朱之蕃故居建于明代，占地面积甚广，东至仓巷，北至丁家巷，西至古巷，府前有砖石雕刻牌坊，府内有花园，亭台楼阁。原建筑为多路数进，仅跑马楼就有七进。现存房屋在清代重修，后只有二路三进。朱之蕃晚年在此专注写书作画，少闻朝政。著有《南还杂著》等，刻《玉山名胜集》，校刊《全唐名家诗集》等。书画作品有《杉禽图》《君尔林图卷》《朱之蕃文嘉书画合卷》等。他的诗词书画大多收入《四库全书总目提要》《帝里明代人物略》等书籍中。

在宋子文公馆里曾发生过哪些事

宋子文公馆位于南京市玄武区鸡笼山北极阁1号，始建于1933年宋子文任国民政府财政部部长期间，抗战胜利后重建。由杨廷宝设计、陶馥记营造厂建造。建筑依山势而筑，采用西方乡村别墅式，西北侧的缓坡为开敞平坦的铺石院落，东南侧的陡坡则为花园，建筑共三层，钢混结构，总面积约700平方米，平面布局呈曲尺形。依山而建，楼随山势，高低起伏，错落有致。1949年后相继作为刘伯承住所和江苏省委招待所，今为南京市科协执行所。

宋公馆给人的印象是精致典雅，富有西方情调。宋公馆的入口处设在二楼的西北面。室内装饰富丽堂皇，摆设各不相同。既有西式布置，又有中式陈设。公馆底层是侍卫人员住房、厨房及辅助用房；二楼有会客室、餐厅、书房；三楼是宋子文夫妇的居室和子女的居室、浴室、盥洗室。公馆室内顶部的一道道横梁看似木头，实是用水泥精雕细琢而成的，为国内建筑所罕见。

宋子文住宅旧址

除了房子建筑本身名留青史外，这所房子在民国政治史上也该留下一笔。当年，这里不仅是宋子文的住所，还是国民党人士的密会场所。由于宋氏家庭极为特殊的地位，此宅一直是达官显宦的俱乐部，曾任全国陆海空军副总司令的张学良也常来此做客，并与宋子文、宋美龄兄妹结为朋友，许多重大的决策计谋都成于其中。特别是1936年12月12日，张学良、杨虎城发动震惊中外的西安事变后，这里更是冠盖云集，集会频频，多数人力主武力讨伐叛军，独宋氏兄妹主张与张、杨谈判解决事端。国民党达官显贵匆匆进出宋公馆,最后形成以宋氏姐妹为核心的主和派政治集团,与以何应钦为首的讨伐派分庭抗礼。同年12月20日及22日,宋子文仗着与张学良的交情两赴西安,与蒋介石、张学良等会晤多次,最终促进了西安事变的和平解决。

然而,刚愎的妹夫食言,又令宋子文颇感尴尬。在宋公馆东北面相距数十米处,有一座古典式的双层建筑,与宋子文公馆以石阶相连。这里就是让宋子文稍解尴尬的地方。西安事变后,张学良护送蒋介石、宋美龄、宋子文一行人返回南京,以示"兵谏"之无私,一下飞机,蒋介石即背信弃义,囚禁张学良。此举全国震惊,山河悲戚。这一年最末一天,南京国民党政府组织高等军事法庭审判张学良,判处其有期徒刑十年。随即张学良被转移到东郊看押起来。1938年1月4日,国民党政府下达"特赦令",但仍要军事委员会对张学良严加管束,实则幽禁起来。曾以人格担保张学良人身安全的宋子文,此时已无力回天,宋美龄的抱怨也无法改变蒋之主意,而宋美龄、宋子文的游说力争将张学良接至宋子文家中。那栋绿丛中的房子,便是当年蒋介石囚禁爱国将领张学良的地方,俗称"囚张楼"。

南京政府倒台前夕,宋子文不愿再与妹夫蒋介石共事,便离开南京径直去了美国,成了寓公,直到77岁那年死于旧金山。

为什么说杨廷宝故居是借别人地基盖的房子

杨廷宝,字仁辉,河南南阳人,1921年毕业于清华大学。国立中央大学建筑系教授,中国科学院院士,我国近代建筑设计科学的重要创始人之一,著名的建筑学家。在创造具有我国特色的建筑风格上做出了重大贡献。多次参加、主持国际交往活动,对推动建筑方面的国际学术交流做出了重要贡献,在国际建筑学界享有很高的声誉。在设计工作中,主张博采各家之长，兼容并蓄，勇于创新，注重因地制宜，强调符合国情。设计作品具有稳健、凝重、严谨、庄重的风格。

这样一位享有很高声誉的建筑学家，为什么他要借别人地基盖房子呢？

杨廷宝故居又名成贤小筑，是中国已故建筑大师杨廷宝于1946年10月自行设计建造的私人住宅，位于江苏省南京市玄武区成贤街104号，紧邻杨廷宝曾长期任教的东南大学校园。杨廷宝去世后，该宅由家属居住。1992年被列为南京市文物保护单位。故居是一栋二层的小楼，外观简洁大方。院子不大，种了一些树木、花草和蔬菜。屋里的东西很简单，没有什么高档的陈设，都是平常的桌椅橱柜。家具都已很旧，地板翘起来很多块，走起来发出吱吱呀呀的响声。墙角的一架钢琴算是屋里最华丽的装饰了，现在也老旧得无法弹奏了。屋里的陈设，显示了大师生前的清贫。杨廷宝有5个子女，只有女儿杨士英还在南京。据杨廷宝女儿介绍，这套房子建于1946年。当时中央大学刚从重庆迁回南京不久，教师、学生很多，住房很紧张。父母带着5个孩子和

杨廷宝故居

一个老保姆，挤在一间20多平米的房子里，很不方便。母亲陈法青常常抱怨，说父亲还是搞建筑的，给别人盖了那么多房子，自己家人都没地方住。父亲攒了点钱就在成贤街买了块空地。这块地原来有房子，日军侵华时毁于战火，但地基还在。为省钱，父亲就着别人的老地基，自己设计，盖了这栋楼。父亲去世后，母亲守在屋里，家里的东西一直照着丈夫生前的样子摆放。母亲去世前一再交待，家里的陈设一定要保持原状，不准改动。子女们体会到母亲对父亲的感情，老太太去世后，也没有改动屋里的陈设。

附　录

名胜古迹 TOP 10:

南京故宫

南京故宫，又称"明故宫""南京紫禁城"，是中世纪世界上最大的宫殿，被称为"世界第一宫殿"，南京故宫始建于元至正二十六年，也就是1366年，整个明朝皇城区，位于南京城的东部，以皇城与宫城为主体，以一系列建筑旨在突出皇权"神圣"为内容，以全国最高中央行署机构为大明王朝核心区域（只有"三法司"在太平门外），也是明初南京城的核心所在。

九龙桥

九龙桥位于江苏省南京市秦淮区东水关东侧，隶属花果山的主景之一，位于群山环抱幽谷之中，有九条大涧在这里汇合，然后奔流向山下的大海。九龙桥形态优美，设计精巧，结构坚固，很多游客都会在这里驻足观景，流连忘返。在这里不仅能观赏到优美的景色，还可以感受到这座历史悠久的古桥独有的历史文化。

鼓楼

鼓楼始建于明代洪武十五年（公元1382年），在民国十二年（公元1923年）以鼓楼为主体建立了鼓楼公园。鼓楼公园是一座集自然、淳朴、优美为一体的公园，这里有龙凤亭、八角亭、戒碑等著名的旅游景点。戒碑相传还和清朝的康熙帝有着千丝万缕的关系。

江宁织造府

江宁织造府位于如今南京的市中心大行宫地区，这里可以说是康熙皇帝在南京的"行宫"，之所以这么说，是因为康熙皇帝六次下江南，有五次都住在这里。不仅如此，这里还是中国四大名著之一《红楼梦》的作者曹雪芹出生地，因此，如今的江宁织造府内设有曹雪芹诞生处、曹雪芹故居陈列馆和现场织造南京云锦博物馆等景点。

六朝陵墓

南京作为中国四大古都之一，这里自然有着很多帝王陵墓，其中最为著名的就是六朝陵墓，所谓六朝陵墓，指的是六朝时期在建康建造的众多帝王陵墓和贵族陵墓。它分布在今天的南京、丹阳和江宁一带。据史籍记载，这些陵墓属于帝后王侯的共计71处，至今被发现的有迹可考的共计31处。它们有宋武帝刘裕的初宁陵、齐宣帝萧承之的永安陵、齐高帝萧道成的泰安陵、齐景帝萧道生的修安陵、齐武帝萧赜的景安陵、齐明帝萧鸾的兴安陵、梁文帝萧顺之的建陵、梁武帝萧衍的修陵、梁简文帝萧纲的庄陵、陈武帝陈霸先的万安陵、陈文帝陈蒨的永宁陵以及梁代宗室王侯萧宏、萧秀、萧恢、萧憺、萧景、萧绩、萧正玄、萧暎等人的墓葬。

明孝陵

明孝陵是明朝开国皇帝朱元璋和皇后马氏的合葬陵墓，坐落在南京市紫金山南麓独龙阜玩珠峰下，是南京最大的帝王陵墓，中国最大的帝王陵寝之一。明孝陵始建于洪武十四年（公元1381年），至明永乐十一年（公元1413年）建成，整个孝陵修建历时30多年，其规模宏大，建筑雄伟，同时也代表明朝建筑艺术和石刻艺术的最高水平，而且直接影响到此后五百年的帝王陵墓建制。后来的帝王陵墓均按照明孝陵的模式建造，因此明孝陵又被称为"明清第一陵"。

鸡鸣寺

鸡鸣寺，又称古鸡鸣寺，位于南京市玄武区鸡笼山东麓山阜上，始建于西晋，是南京最古老的梵刹之一，自古有"南朝第一寺""南朝四百八十寺"之首寺的美誉，是南朝时期中国南方的佛教中心。寺内有大雄宝殿、观音楼、韦驮殿、志公墓、藏经楼、念佛堂和药师佛塔等主要建筑。这里不仅有这些古建筑，相传"画龙点睛"这个成语也出自这里。

雨花台

雨花台是一座以自然山林为依托，以红色旅游为主体，融自然风光和人文景观为一体的全国独具特色的纪念性风景名胜区。这里有江南第二泉、烈士纪念碑廊、忠魂亭等著名的旅游景点。此外，雨花台还盛产雨花石，在古时还被称为"聚宝山""玛瑙岗"。

南京大屠杀纪念馆

南京大屠杀纪念馆，又被称为"侵华日军南京大屠杀遇难同胞纪念馆"。它是南京市人民政府为了让人们记住当年日军攻占南京之后所制造的南京大屠杀事件而建造的。它建造于南京市江东门814号，这里是日军进行大屠杀的遗址之一。为了悼念死者，南京人民政府在1985年建成了这座纪念馆。

王安石故居

王安石故居位于清溪路附近的半山亭，如今南京海军军事学院内。作为"唐宋八大家"之一的王安石与金陵有着不解之缘，他曾在金陵度过了青年时期又来此两度守孝，三任知府，前后生活了20年，而这所故居就是王安石当年在金陵居住的地方，在这里他结交了米芾、李公麟、欧阳修和苏东坡等挚友。

名山胜水 TOP 10：

栖霞山

栖霞山位于南京市栖霞区，又名"摄山"，是"金陵第一明秀山"，南朝时因山中建有"栖霞精舍"而得名，是中国四大赏枫胜地之一。每逢深秋，遍山红叶，恰似一片火海，是人间难得一见的美景。因此南京民间有"春牛首，秋栖霞"的说法。

紫金山

紫金山位于南京东郊，又称"钟山"，是南京名胜古迹荟萃之地。早在三国时期就极负盛名，有"钟山龙蟠，石城虎踞"之称。历经上千年，融多元文化于一体，囊括了六朝文化、明朝文化、民国文化、山水城林文化、佛教文化等，因此被称为"中华城中人文第一山"。

幕府山

幕府山是横贯于南京市鼓楼区和栖霞区燕子矶的一座丘陵山脉，清代的金陵四十八景，幕府山有幕府登高、达摩古洞、永济江流、化龙丽地、嘉善闻经、燕矶夕照六景。幕府山山峦延绵起伏，登临幕府，远望景天一色，万里长江从山下奔腾向前。据说幕府山是因东晋丞相王导于此建"幕府"而得名。20世纪80年代，考古学者在本地区发现的东吴墓中出土有"莫（幕）府山"之名，可知幕府山至少在三国时期已见著于金陵。

游子山

游子山位于南京市高淳区中部,原称"梁山""绵山"。据当地碑文记载,两千多年前,孔子出游至此,登此山向远处眺望,见山川风景秀丽,吴楚征战的创伤依稀可见,而知历史之不可逆转,命运之不可捉摸,于是慨然有归乡之叹。他觉得自己这么多年,像是一个游子,四处寻求明君,却终不可得,现在该回到母亲的怀抱了。他回到曲阜,几年后郁郁而终。后人为了纪念他,就给这座山取名"游子山"。

梅花山

梅花山位于南京市中山门外的紫金山南麓,因山上种植梅花而得名,种植梅花的历史可追溯到六朝时期。1929年在梅花山下开始建设梅花园,因种植的梅花数量和品种较多而被称为"天下第一梅山",与昆山淀山湖梅园、无锡梅园和武汉东湖磨山梅园并称为"中国四大梅园"。南京梅花山以其得天独厚的自然和人文优势吸引越来越多的海内外游客,逐渐成为中国的梅文化中心。

祖堂山

祖堂山位于牛首山南,古名"幽栖山",因山上建有幽栖寺而得名。唐贞观初,法融禅师在此得道,成为佛教南宗的第一祖师,因此而更名为"祖堂山"。山上有芙蓉峰、天盘岭、拱北峰、西凤岭等山丘。山间云雾缭绕、山谷幽深、松涛竹海,引人入胜。山上还有伏虎洞、象鼻洞、神蛇洞等旅游景点。

牛首山

牛首山因山顶南、北双峰似牛角而得名,《金陵览古》曰:"遥望两峰争高,如牛角然"。牛首山北连翠屏山、南接祖堂山,周围有感应泉、虎跑泉、白龟池、兜率岩、文殊洞、辟支洞、含虚阁、地涌泉、饮马池等自然景观,以及宏觉寺、弘觉寺塔、郑和墓和抗金故垒等人文景观。牛首山昔日盛产松、竹、茶、兰。其茶,香色俱佳,名天阙茶。其兰,一茎十数花(蕙兰),叶少而阔,色碧香馥。其桃李烂若云霞,加之漫坡杜鹃、山茶，风景宜人，每岁届春金陵百姓倾城出游，故有"春牛首"之称。清乾隆年间"牛首烟岚"被列入金陵四十八景中。

玄武湖

玄武湖位于南京城紫金山下，距今已有1500年的历史了。六朝前称"桑泊"，后来几度改名为"秣陵湖""昆明湖""后湖"。湖内有五洲，即环洲、樱洲、菱洲、梁洲和翠洲。东吴时期，玄武湖作为吴国水军的操练场地。明代在湖中心建立黄册库，收藏全国的户籍赋税档案。1909年被辟为公园，因湖内有五洲，就叫"五洲公园"。

燕子矶

燕子矶位于南京幕府山的东北角，北邻长江，是"万里长江第一矶"。登临此地，脚下惊涛拍岸，江水澎湃，使人顿生万丈豪气。江上时有一叶小舟，穿梭于巨浪之间，激荡人心，使人心生壮志。因此自古就有很多失意之人来此观景以自励。

汤山

南京汤山风景区位于南京东郊23公里，集碑、泉、洞、湖、寺为一体，融人文景观与自然风光为一炉。镇西的雷公山中，有一个总面积达数万平方米的巨大溶洞群，洞内出土的较为完整的古人类头骨化石，据科学鉴定，是大约出生于30万年前的南京猿人，证实了长江流域是中华民族的发祥地之一。

美食特产 TOP 10:

金陵八绝

"金陵八绝"是指南京地区最具秦淮风味的八种小吃。八种小吃分别为永和园的黄桥烧饼和开洋干丝、蒋有记的牛肉汤和牛肉锅贴、六凤居的豆腐涝和葱油饼、奇芳阁的鸭油酥烧饼和什锦菜包、奇芳阁的麻油素干丝和鸡丝浇面、莲湖糕团店的桂花夹心小元宵和五色小糕、瞻园面馆的熏鱼银丝面和薄皮包饺、魁光阁的五香豆和五香蛋。

南京板鸭

南京板鸭俗称"琵琶鸭",是江苏省南京地区的一道传统名菜。分腊板鸭和春板鸭两种。其外形较干,状如平板,肉质酥烂细腻,香味浓郁,有"板、酥、烂、香"之美誉。

据清《江宁新志》记载,板鸭的具体做法是:"购觅取肥鸭者,用微暖老汁浸润之,火炙,色极嫩,秋冬尤佳,俗称板鸭。其汁数十年者,且有子孙收藏,以为业。……江宁特产也。"

扁大枯酥

扁大枯酥是金陵的一道传统菜肴,用肉末和米粉加配料炸制而成的扁圆形肉饼,外形焦黄,香酥可口。选用猪肋条肉、鸡蛋黄、肥膘肉、豌豆苗和粳米制作而成,营养丰富。

牛肉锅贴

牛肉锅贴是"金陵八绝"之一,是以牛肉为馅儿,用面皮包成饺子状,下锅用油煎成金黄色后即可装盘食用。这种小吃制法简单,味道鲜美,是南京很多人家的家常食品。

具体做法就是将牛肉去筋,剁成肉末,和葱姜等搅拌成馅儿,然后用擀好的面皮包制而成,跟包饺子的办法如出一辙。馅儿里面再加上胡萝卜,咬上一口,鲜嫩多汁,实在是人间不可多得的美味。

糕团小点

糕团小点是南京的十大特色小吃之一。江南人喜欢吃甜食,所以传统的糕团小点在南京很有市场。

南京人吃甜食讲究甜而不腻,糯而不粘,如此方可称为"上乘甜品"。此外,光味道好还不行,还要有好的色泽,甜点的造型一定要出众。因为有这份讲究,南京的糕团大多小巧玲珑,色彩绚丽,入口香甜。

糕点的花样有很多,有桂花元宵、双色糕、千层糕、卷心糕、如意糕、青米糕、马蹄糕、豆沙米糕……其中桂花夹心小元宵和五色糕团还曾被评为小吃中的"秦淮八绝"。

鸭血粉丝汤

南京是著名的鸭都,自然南京人是十分爱吃鸭子的,不仅鸭肉,连鸭内脏、鸭血都能做出一番文章来。鸭血粉丝汤是由鸭血、鸭胗、鸭肠、鸭肝等加入鸭汤和粉丝制成的一道南京风味小吃,口感鲜香,爽口宜人。鸭肉蛋白质含量高,脂肪含量低,特别适合老年人食用。

小小一碗粉丝汤,却把鸭的美味包含其中。喝一口汤汁,吸一口粉丝,咬一块鸭血,让人不由得感叹这些不起眼的东西竟能烧制出如此世间美味。

盐水鸭

盐水鸭是南京有名的特产,久负盛名,至今已有一千多年历史。此鸭皮白肉嫩、肥而不腻、香鲜味美,具有香、酥、嫩的特点。每年中秋前后的盐水鸭色味最佳，因为此时桂花盛开，故又美名曰桂花鸭。

如意回卤干

南京历史悠久，南京人也愿意把各种小吃和历史沾上边。就拿这普普通通的回卤干来说，还和明太祖朱元璋扯上了联系。传说朱元璋在金陵登基后，吃腻了宫中的山珍海味，一日微服出宫，在街头看到一家小吃店炸油豆腐果，香味四溢，色泽金黄，不禁食欲大增。他取出一锭银子，要求店主将豆腐果加工一碗给他享用。店主见他是个有钱的绅士，立即将豆腐果放入鸡汤汤锅，配以少量的黄豆芽与调料同煮，煮至豆腐果软绵入味送上，朱元璋吃后连连称赞。从此油豆腐风靡一时，流传至今。因南京人在烧制中时常加入豆芽，而其形很像古代玉器中的玉如意，故被称为如意回卤干。

蒸饺

蒸饺实际上全国各地都有，但是南京的蒸饺却别具一格，不但形状精美，口味更是以清新著称，油一点腻一点就达不到爽口的效果了。香菇蒸饺的馅心是由新鲜猪肉和香菇调制而成，加上鲜美的香菇汁水，上蒸笼蒸熟后肉嫩汁饱，轻轻一吸，一股浓香滋味在口腔中弥漫。

什锦豆腐涝

豆腐涝也叫豆腐脑、豆腐花，南京话又称"都不老"。这道小吃全国各地都有，可南京的豆腐涝和其他地方的不大一样。除了一样的色白如玉、清香爽口外，南京的豆腐涝讲究一个佐料，辅以虾米、榨菜、木耳、葱花、辣油、香油等十余种佐料，不光是颜色漂亮，口味更是醇、浓、香、鲜，咸淡适宜，辛辣适中，有滋有味。南京人吃小吃还好个"说法"，这一点在豆腐涝这个朴实的小吃上也得到了验证：据说，豆腐涝这玩艺，年轻人吃了健脑补脑，老年人吃了延年益寿，为了讨口彩，店家还在里面加入什锦菜，什么意思呐？前程似锦！